Gunnar Schanno

Das Buch im Griff des Internets

Ein kulturkritischer Zustandsbericht

© 2013 Gunnar Schanno

Lektorat, Korrektorat und Satz:
Angelika Fleckenstein, spotsrock.de

Verlag: tredition GmbH, Hamburg
Printed in Germany
ISBN: 978-3-8491-1950-8

Der Autor, Gunnar Schanno, ist Fachjournalist und Buchautor gesellschaftspolitischer Themen.

Nach erfolgreicher Buchhandelslehre mit Abschluss in Freiburg im Breisgau studierte er Kommunikationswissenschaft an der Mainzer Universität und war langjährig in einem Wissenschaftsverlag tätig. Für das Branchenmagazin *Buchhändler heute* war er regelmäßiger Autor. Er ist auch publizistisch aktiv in interkulturellen Gesellschaften.

Im vorliegenden Werk gibt er einen kulturkritischen Rückblick auf die Hochform des Buchs vor dessen Abstieg zum Nebenprodukt unter den Medien und pointiert in anregenden Sprachbildern, wie und mit welchen Konsequenzen die sich überstürzenden technologischen Entwicklungen im Medienbereich das Verhältnis zur Kultur-Ikone Buch rasant verändern - sowohl für den Leser als auch für traditionelle Buchverlage oder Buchhandlungen – nicht zuletzt für Autoren!

Der Autor selbst hat sich der Dynamik unterworfen und das Werk in das doppelgesichtige Konzept von Print- und e-Book gestellt. Das erschien nur folgerichtig, da viele im Buch gelisteten Literaturquellen aus der Online-Welt stammen. Mehr noch: Er hat die im Buch beschriebenen Konsequenzen nicht unbeachtet gelassen und einem mit Innovationspreisen bedachten Verlagsformat den Vorzug gegeben, das sich auch als Netzwerk versteht mit Anbindungen an Unternehmen, darunter auch verschiedenste Verlage, Universitäten, Forschungseinrichtungen und natürlich mit Einbindung in die Welt von Online-Portalen.

Inhaltsverzeichnis

Vorwort

Die Beobachtungen des Autors enden nicht im Abgesang auf das Buch, wie es als dominierendes Medium über ein halbes Jahrtausend geherrscht hat. Doch fragt er schonungslos kritisch, wie die Rollenverteilung sein wird zwischen dem Buch und seinen elektronischen Konkurrenten. Ist das Buch nur noch Beuteobjekt der Internetkrake? Wie verlief sein Weg vom Premiumprodukt der Medienkultur zum Nebenprodukt? Wie verläuft künftig sein Weg als eher kleines „added value" zur Informationsmaschine Internet? Was bleibt noch für das Buch, leidet es an Altersschwäche, ist es aussterbende Spezies? Ist der Buchmarkt reif für das Internet?

Die Betrachtungen des Autors sind auch eine Hommage auf das Buch. Alle Kapitel beleuchten das Buch aus der Perspektive des Bedrohungspotenzials der Internetmacht. Nicht weil es immer häufiger seine Besitzer über Online-Buchshops wechselt, sondern weil das reale Buch bedrohlich schnell ersetzt wird durch das virtuelle: Sei es als E-Book, sei es durch elektronischen „Content", aber auch, weil das Buch verdrängt wird durch den Zeit fressenden, Aufmerksamkeit zehrenden Aktionismus im Internet.

In diesem Kontext verweist der Autor immer auch auf die veränderten ökonomischen Bedingungen der Medienwelt, die in weiten Bereichen das Ausmaß einer Entökonomisierung erreicht haben. Das Medium Buch nämlich ist reales Ressourcen und Geld zehrendes Produktionsgut aus der Welt klassischer Ökonomie. Das Internet ist virtuell, so gut wie ressourcenfrei, ist Massenmedium und Massenspeicher und ist so gut wie frei verfügbar für die Masse. In bedrohlichem Maß wird das dem Buch zum Verhängnis.

Der Autor nennt auch in seinem stets vorwärtstreibenden Stil weiterführende Argumente für die Überlegenheit des Internets gegenüber traditioneller Buchkultur: Nämlich besonders da, wo es als informationelles Turbosystem gesellschaftliche Prozesse beschleunigt oder gar aufheizt. Der Autor erkennt aber zugleich beispielreich die Unüberwindlichkeit des Buchs an - als einen unauslöschlichen und bleibenden Archetyp der Kultur.

1. Das Buch - ein Archetyp der Kultur

Das Buch - Premiumprodukt der Kultur

Das Buch: Ein Massenphänomen, ein Markt. Ein halbes Jahrtausend war das Buch ein Königsmedium. In seiner europäischen Form als Druckwerk seit dem 15. Jahrhundert hat es als unverwechselbares Medium seine heutige Form und Erscheinung erhalten und bewahrt. Zwischen dem 15. Jahrhundert, beginnend und verbunden mit dem Namen Johannes Gutenberg und seiner Erfindung des Buchdrucks, und endend mit dem 20. Jahrhundert, verbunden mit dem sich beschleunigenden Transfer der Buchinhalte in elektronische Medien, hatte das Buch seine unangefochtene monomediale Stellung als Premiumprodukt der Kultur.

Das gedruckte Buch: Einst die alleinige Quelle für Wissen, Weisheit und Weltkultur, als Kulturträger, als Bildungsgut, als Materialisierung und Schatzkammer des Geistes, als Medium für die Kulturtechnik des Lesens. Das Buch als Medium, seine Durchdringung in der Bevölkerung als Maßstab für Bildungsstand. Wo kein Buch, da keine Bildung! Das Buch aber auch als Lustobjekt, wenn es das Schöne, Erhebende und Erhabene in kunstvoller Schrift und Grafik wiedergab, wenn es Bekenntnisse zu Glaube, Liebe und Hoffnung weitertrug. Das Buch als Kult, wenn es zum künstlerisch gestalteten Objekt erkoren wurde. Das Buch als Qualobjekt, wenn sein Inhalt für die Schule des Lebens zum Lern- und Bewährungsstoff bestimmt war. Das Buch als Vademekum, als Lebenselixier, in anthropomorpher Erhöhung als Freund, Begleiter, als Tröster, Helfer, Ratgeber, Retter. Das Buch aber auch als Verderber, als Anstifter, Träger von Irrtümern, als Schund, wenn es für Kritik und indizierte Verteuflung seines Autors steht. Das Buch auch als Hassobjekt, wenn mit ihm und seiner Verbrennung stellvertretend der Autor verbrannt werden sollte. Das Buch als Kleinod häuslicher Atmosphäre und Kulisse der Bücherwand, als Prestigemittel, wenn es Status, Bildungsstand und Ansehen signalisierte.

Das Buch im Mittelpunkt von was? Ja, doch auch noch von Buchmessen! Noch sind sie Bühne des Buchs — bei aller Manie um E-Book & Co. Immer noch, so heißt es, sei Büchermesse auch Büchermasse. Die Leipziger Buchmesse zum Beispiel ist das jedes Jahr stattfindende märzliche *El Dorado* der Bücherwelt, in der die bundesrepublikanische Vielfalt inmitten der Internationalität im Bücherkosmos auch atmosphärisch zu spüren ist, mehr als auf der Frankfurter. Wenn es Freude und Interesse am Buch zu wecken gilt, dann ist eine Messe, auf der eben dieses Objekt im Mittelpunkt steht, allemal ein guter Anlass. Es ist ein guter, sinnenfroher

Anlass, weil das Buch der klassische Mittelpunkt unter den Medien geblieben ist. Es ist es geblieben allen Zweifeln zum Trotz, umringt und inmitten der Konkurrenz neuer Medien und weltumspannender Netzwerke der Informationsflut. Womit sonst als mit dem Buch soll sich ein Ehrengast der Buchmesse vorstellen, Identifizierbarkeit erreichen, Kulturnähe propagieren – auch Neuseeland als Ehrengast 2012 auf der Frankfurter Buchmesse ließ veritable Bücher „tanzen". Die Unterscheidung zur Tourismusmesse war wieder dank Buch gerettet.

Das Buch – das antiquarische vornehmlich - Objekt der Liebhaberei, wenn nicht der Begierde. Das Buch in kapitalistischer Wirtschaftsverfassung als Produkt, als Handelsobjekt, als Geldquelle. Wenn das Buch nicht in Reichweite, nicht greifbar, einfach nicht zur Hand war, dann war oft nichts als Rat- und Hilflosigkeit, dann war guter Rat teuer, dann war Suche nach Quellen schwarz auf weiß angesagt, dann war oft jede mündliche nichts als eine unbewiesene Aussage, solange ein Nachschlagen im Buch nicht Gewissheit schuf. Das Buch war Premiumprodukt der Kultur, wie analog dazu der Kulturträger Mensch so etwas wie das Premiumprodukt der Natur darstellt.

Die Universalität des Buchs bestand in seiner Funktion und Leistung, der Flüchtigkeit geistiger

Inhalte entgegen zu wirken, den Geist wie in der Flasche zu bannen, seiner immerzu habhaft zu sein, seine inhaltlich-verkündende Substanz buchstäblich material dingfest werden zu lassen, sie in identischen, thematischen Einheiten rezipierbar zu machen für den Einzelnen allein oder zu teilen mit einer Vielzahl von Menschen: Darin war das Buch das eindimensionale monomediale Medium in Solitärstellung bis zum Aufkommen technisch basierter Verbreitungsträger von Schrift, Bild und Ton. Seine Universalität beginnt es um die Jahrtausendwende abzugeben an das World-Wide-Web.

Das Buch - fortan ein Nebenprodukt der Kultur?

Das Ende des Buchzeitalters? Die Gutenberg-Galaxis (McLuhan 1962) am Ende? Der Medienwissenschaftler Marshall McLuhan (1911-1980) prägte mit dem Titel seiner geradezu epochalen Schrift von der *Gutenberg Galaxy (1962)* die Metapher schlechthin für ein halbes Jahrtausend Buchzeitalter. Inzwischen ist die Rede vom Ende der Gutenberg-Galaxis. Ein unscheinbares kleines „e" für „elektronisch" ist zum Killervirus der haptisch-materialen Bücherwelt geworden. Wird das Buch zum Nebenprodukt der Kultur?

Es wird aber auch von einer *Zukunft der Gutenberg-Galaxie* gesprochen (*Essay-Sammlung APuZ, 42-43, 2009*), die nicht davon ausgeht, dass das

Buch als Massenmedium in gedruckter Form gänzlich Vergangenheit sein wird, sondern in Ergänzung, nicht einmal in Konkurrenz zum elektronisch geschaffenen Ersatz, zu elektronischen Medien seine Zukunft haben wird.

Einige griffige Titel seien deshalb angeführt, weil sie auch zwei Protagonisten ins Namensspiel bringen, die am Beginn des alten und am Beginn des neuen Medienzeitalters postiert sind: *Von Gutenberg zu Gates* (im Einführungskapitel von *Wunderlich und Schmid, 2008*). Bill Gates, 1975 Mitgründer des Computer-Betriebssystems Microsoft: Ist er der Gutenberg der beweglichen Erscheinungsform als Voraussetzung für die elektronisch basierte Massenverbreitung von Information auf technischen Gerätschaften, wie seiner Zeit der echte Gutenberg der Meister der beweglichen Letter war als Voraussetzung für die druckwerkbasierte Massenverbreitung von Information in Buchform?

Es ließe sich darüber reflektieren, wie verwandt die Phänomene sind, wie sehr der Mensch als Rezipient der geblieben ist, der er war, als es auch Sensation war, als die ersten Buchexemplare in drucktechnisch identischer Form in Erscheinung traten, wie es Sensation war, als sich Text- und Bildinhalte digitalisiert über elektronische Netzwerke, seit den 1970er Jahren unter dem Kurz-, Sammel- und

Netzwerkbegriff *Internet*, über die Welt zu verbreiten begannen.

2. Das Buch - Premiumprodukt der Wertschöpfung

Das Buch - fortan ein Relikt der Wertschöpfung?

Eine weitere Charakterisierung bringt die Lage des Buchs aus den Konsequenzen des Internets mit dem Begriff der „digitalen Ökonomie" auf den Nenner, wie er sich analog dazu als Titel des Kapitels *Von der Gutenberg-Galaxis zur digitalen Galaxis* (*Zimmermann 2008*) findet. Immerzu kreisen die zahlreichen Analysen letztendlich auch um die Gefahr der Internetkonkurrenz für jegliches Druckwerk (auch und besonders für die auf Tagesaktualität hin verbreitete Zeitung). Konkurrenz nämlich entsteht aus der schieren Masse elektronischmultimedial und sekundenschnell präsentierter Information, mit der jeder Nutzer weltweit und jederzeit seine Interessen aus allen Wissensgebieten abdecken kann.

Der Wissbegierige, der Informationssuchende, der einst und vornehmlich aus Bücherquellen schöpfende Leser, bedarf er – außer zeitnäherer Zeitungsquelle - noch der kompakten, dinglich geschlossenen Form des Buchs? Bieten nicht die schnell über Stichworte gesammelten und zusammengeführten Informationspartikel aus welchen

Quellen auch immer genug Ersatz für kostenträchtigen Bucherwerb? Das Buch - eine abnehmende Spezies, ein Relikt der Wertschöpfung, fernhin nur noch museales Objekt? Das Buch - der friedliche, pflanzenfressende, langsam verdauende Dinosaurier des Kulturhabitats, gejagt und vernichtet vom schnell agierenden, neu aufkommenden, fleischfressenden, schnell verdauenden Tyrannosaurus Rex der digital-basierten Zivilisation? Das Buch, das langsame Objekt bewusster Entschleunigung in geschütztem Raum für Ruhe und Konzentration, für bedächtiges In-die-Hand-nehmen, für Zeit zum Umblättern, für disziplinierte Blickrichtung und Augenbewegung, als mono-mediales Objekt reinen Mono-Taskings?

Die Brisanz von Internetnutzung liegt jedoch in all den multi-medialen Möglichkeiten beschleunigter Rezeption, weniger im Reiz eines von Gerätschaft unterstützten multimedialen Multi-Taskings, und auch weniger in der Verführung durch Abruf ungeheurer Informationsmassen und der globalen Verbreitung elektronischen Inhalts. Die Brisanz liegt in der Erosion des ökonomischen Prinzips, das im Buchzeitalter galt und noch erhalten ist - doch in sinkender Kurve. War schließlich mit dem Buch als Produkt, als Ware doch eine ganze Wertschöpfungskette verbunden über die Stadien Verlag,

Satzbetrieb, Druckerei, Buchbinderei, Zwischen-händler, Buchhandlung.

Diese traditionelle Wertschöpfungskette ist mit der Schaffung und Verbreitung des Internets unterbrochen worden. Die Millionen von Arbeitsstunden, die unzählige Informationslieferanten welcher Befähigung oder Sachbezogenheit auch immer damit verbringen, Informationsstoff welcher Qualität auch immer in die Netze einzustellen, sie finden keinen dem Arbeits- und Zeitaufwand entsprechenden ökonomischen Gegenwert. Der Lebensunterhalt der Lieferanten speist sich in der Regel aus anderen Quellen, wie es etwa familiäre oder sonstige soziale Einbettungen in unterschiedlichste Lebenssicherungssysteme sind.

Die Ironie des Vorgangs liegt also auch darin, dass es noch weitgehend die materialen Produkte der Ökonomie sind, also die der Realwirtschaft, ob im Bereich von Medien-, Konsum- oder Gebrauchsgütern, die dem Heer von Zuträgern in elektronische Netze die ökonomische Absicherung, zumindest aber finanzielle Gegenwerte bieten. Es ist eine verkehrte Welt der Wirtschaft, in der nicht für konsumierte Ware bezahlt wird, es ist eine Hybridform der Wirtschaft, die vom Prinzip Hoffnung lebt. Mögen es unaufgeforderte Werbeangebote sein, meist in Form so genannter Banner, die im Umfeld der gesuchten Information erscheinen, die Aufmerksamkeit des Internetnutzers wecken und ihn zu Erwerb, zu Kauf, zum Konsumenten eines ähnlichen oder anderen als dem momentan genutzten Gut verführen sollen.

Die Wirtschaft, genauer die Betriebswirtschaft, die Unternehmer, die Lohnabhängigen, die für das Internet schreibenden Aktivisten und Einzelkämpfer, sie ringen dennoch letztlich um nichts anderes als um finanzielle Vergütungen in welchen Bezahlformen auch immer, also um finanziell honorierten Gegenwert ihrer immer zeit- und, wenn Online-Präsenz unternehmerisch dimensioniert ist, auch kostenaufwendigen Inputs in das Internet. Wird die Technik an anderer Stelle helfen und den Schaden für die Medienindustrie wettmachen, den sie angerichtet hat? Wird sie den Kreis derer, für die ein virtueller Content konkret genug und sein applizierter Online-Abruf der Bezahlung wert ist, weiten können? Kann etwa diese unter dem Kürzel *App* für Applikation - im Sinne des Abrufs möglichst bezahlter Online-Informationen, nicht zuletzt das elektronische Buch - das ökonomische Prinzip von Input und Profit für die Content-Lieferanten wieder stabilisieren helfen?

Das Buch als Medium wirtschaftlicher Zwänge – das Internet im Reich der Freiheit

Während die Herstellung von Büchern in Printform bei allen Rationalisierungsmöglichkeiten immer nachrechenbar mit Kosten verbunden ist, umweht bei den Millionen von Internetnutzern das elektronische Medium geradezu ein Fluidum materialer Unabhängigkeit, informationeller Freiheit. „Ein Buch lesen", so hieß oder heißt es beim Charakterisieren des üblichen Rezipierens von Druckwerken in Buchform. Seine Bilder anschauen, betrachten, so heißt es auch, so das Druckwerk auch Bildinhalte hat. Das Internet aber, es wird genutzt, ins Internet „geht man". In ihm rezipiert der Nutzer wie von freischwebenden, ätherischen Inhalten, die jeder in die Welt senden und aus ihr empfangen kann. Mit dem Internet ist um die Zweijahrtausendwende konkurrenzlos ein neues Land der unbegrenzten Möglichkeiten wie aus dem Nichts entstanden. Mit der digitalen Welt ist ein Utopia des Geistes wahr geworden, wie es einst sozialutopische Lehren vor, mit und nach Karl Marx herbeiführen wollten.

Selbstverwirklichung und Selbstdarstellung nach außen von und für Jedermann und Jederfrau und über alle Grenzen und ohne materielle Zwänge – ein Traum ist Wirklichkeit geworden. Bücher in ihrer Gesamtheit wurden bildhaft als Gedächtnis der Welt apostrophiert. Es war ein statisches, ein nach Internetmaßstäben lahmes und träges Gedächtnis, demgegenüber sich das Internet funktions- und verschaltungsreich wie ein von Geistesblitzen durchzucktes Gehirn ausnimmt. Technik, genauer Technologie, hat sich noch nie in der Menschheitsgeschichte so stromlinienförmig an den Geist, welcher Wertigkeit auch immer, gelehnt, ist noch nie eine so symbiotische Verbindung mit ihm eingegangen, es ist noch nie eine so enge Allianz zwischen der Flüchtigkeit geistiger Regungen und sichtbarer Dokumentierung entstanden. Der Geist scheint wehen zu können, wo immer er will, überall kann ein jeder seiner habhaft werden; der absolute Geist, von dem Hegel sprach, er tritt in analoger Gestalt als Synthese eines globalen Netzwerks in Erscheinung.

Es weht also ein Fluidum der Freiheit von allen materiellen oder kapitalistisch geprägten Zwängen, weil ein gesellschaftlicher Konsens global verbreitet zunimmt, Information den Status eines Allgemeinguts zuzuweisen. Der Information den Warencharakter zu nehmen, sie aus dem Sortiment der Handelsgüter zu entfernen ist zum Ideal geworden. So wird also in zunehmend verbreiteter Meinung der Zustand zum Ideal erklärt, dass Information als frei, genauer und gezielter gesagt als kostenfrei zu gelten hat in verfügbarer Weise als geistiges Produkt, welcher Herkunft und Qualität auch immer, gewissermaßen wie doch auch die Luft zum Atmen allen frei zugänglich ist. Und wie die Luft, so soll die Information ein Gut sein, auf das ein Jeder geschriebenes oder ungeschriebenes Recht hat. In dieser Gratis- und Umsonst-Haltung bewegt sich besonders die Internet-Generation, jene Altersgruppe also, die schon in jungen Jahren ihre Weltvorstellung und Vorstellungswelt nicht über das gedruckte, kostenbehaftete Buch oder sonstige Printmedien, sondern über alle möglichen, auf Computer-Tastatur kostenfrei aufrufbare Informations-, Wissens- und Phantasiewelten gewonnen hat.

Das Internet bietet aber auch die Möglichkeiten für Produzenten aus Wirtschaft, Kultur, Gesellschaft, die hoffen Gewinn daraus zu ziehen, auf elektronischen Plattformen ihre Produkte in Text, Bild und Ton zu verbreiten. Gewinn, das ist in der elektronischen Verbreitungsform ein vieldeutiger Begriff geworden. Mit ihm verbindet sich zunächst die Hoffnung auf Gewinn immaterieller Werte wie Bekanntheit, Netzwerkbildung, öffentliche Wahrnehmung, Prestige. Ein Industriezweig hat sich aufgetan in den Bereichen von Ausbildung, Training, Coaching, ein Seminarwesen also, das sowohl den sich selbst vermarktenden „digitalen" Einzelkämpfer als auch Firmen oder Institutionen befähigen will, wie sie elektronisch generierte Inhalte immer effektvoller, durchsetzungsstärker oder wettbewerbsfähiger in der Internetwelt präsentieren können. Angetrieben wird aktive Internetkompetenz durch die Vorstellung eines gigantischen Online-Marktplatzes, zu dem sich laut *ard-zdf-onlinestudie.de* (2011) inzwischen über drei Viertel der deutschen Bevölkerung Zugang geschaffen haben.

Das Spezifische der Elektronikwelt ist, dass der jeweilige Entwicklungsstand sich in den Systemen und Programmen akkumuliert und zu Software- und Anwendungsstandards für die jeweilige Branche wird. Das allein ermöglicht jene erstaunliche Synergie, jenes Zusammenführen von Leistungen in Funktionalität in der geradezu federleichten Bewältigung immer größerer Datenmassen und Workflows. Am Ende stehen unternehmerische Konzentrationsprozesse als verführerische Chancen. Im Ergebnis sehen wir das Entstehen globaler Unternehmenseinheiten wie Google (seit 1998), Wikipedia (deutsch, seit 2001), Amazon (seit 1994), und umfänglichster Portale von Medienkonzernen. Der gleiche Prozess läuft ab in den Unternehmensbereichen der produzierenden Wirtschaft. Die Arbeitswelt selbst ist es, die durch elektronische Technik ihre Bedingungen und Stile ändert, zu Entgrenzungen für den Arbeitenden selbst führt, weil

sich Orts- und Zeitabhängigkeit, Arbeits- und Frei-
zeit, berufliche und private Sphären in flexibler,
vernetzter, digitaler Mobilität in fließenden Grenzen abspielen.

Ein Verlegen von Standorten, ein Merger-
Prozess nach Zukauf anderer Firmen über installierte Systeme, wie sie etwa von IBM oder SAP ge-
schmiedet werden, ist schnell abgearbeitet. Ob die
elektronischen Betriebssysteme für Produktion,
Verwaltung, Personal, Vertrieb eine Million oder
zwei und mehr Millionen Einheiten zu prozessieren
haben, das bildet für Management-Entscheidungen
dank technologischer Kapazitäten keine Barriere
mehr. Ein Wiederverkauf, ein neuer Zukauf, ein
Abstoßen, ein Outsourcen kann nach kurzer Zeit
nicht zuletzt zur Profilierung des Managements
wieder beginnen (vom Autor thematisiert in Der
Manager - Macher oder Getriebener im Unternehmen? 2008).

Von Seiten der Kunden, also den Usern, den
Nutzern, den Mitgliedern her lauert aber reinen
Online-Unternehmen, genuin aber denen der Social
Media-Sparte besondere Gefahr. Denn ihr Profil,
ihre Merkmale sind gekennzeichnet von Volatilität,
Abhängigkeit von Geschmack, Zeitgeist, trendigem
Userverhalten. Das Nutzer- und Konsumverhalten
am elektronischen Medium ist schneller korrigier-

und veränderbar als im realen Leben. Das hat Durchschlagskraft für die Stabilität des Online-Unternehmens. Das Erstaunen über den schnellen Aktienverfall beim Börsengang 2012 von Facebook (seit 2004) ist verwunderlich, ist doch gerade in diesem Bereich das Unternehmen abhängig von besonders unkalkulierbaren weichen Faktoren im Konsumentenverhalten. Und wenn die finanzielle Ausstattung des Nutzers rege, reale Konsumtätigkeit nicht zulässt, da können noch so viele Bannerwerbungen ihre Signale und Reize verbreiten, der User, der Surfer, der Browser, der Freizeitler und Freund kostenfreien Zeitvertreibs am Bildschirm wird als Konsument wohl nicht über das Maß seiner Möglichkeiten in Erscheinung treten. Die einzelnen Hypes von Präsentations- und Verkaufserfolgen über das Internet mögen Ursache für das beflügelte Hoffen auf unbegrenztes Wachstum über WWW sein.

Die so genannte Internetblase um das Jahr 2000, als spekulativ hochgeschraubte Profiterwartungen von Internetunternehmen für Investierende in Millionenverlusten endeten, sollte Wirtschaft und Nutzerwelt aber gelehrt haben, dass das World-Wide-Web, also die virtuelle Internetwelt, ein fragiles Gesamtgebilde ist. Ihre Einzelgebilde, ob reine Informations-, Werbe-, Verkaufs- oder Gesellschaftsplattformen, die letzteren als die so genannten Social Media, heißen sie *myspace.com*, *facebook.com* oder die Suchmaschine *google.de*, sie alle können sich in kurzer Zeit geradezu amöbenhaft verändern, können sich unversehens auflösen, ineinander verschmelzen, ein ihnen exorbitant hoch taxierter Börsenwert kann im Nu in Richtung Wertlosigkeit gehen, wenn technologische, ökonomische, gesellschaftliche Entwicklungen mit neuen Konstellationsmöglichkeiten ihre Veränderungsdynamik entfalten.

Das Buch - fortan Phantom der Netzwerkwelt

„Content" ist der seit der Jahrhundertwende auch im Deutschen geläufig gewordene Begriff für jede Art von Inhalt, wie er nicht mehr allein schwarz auf weiß oder bunt in Druck und auf Papier dem Leser, dem Informationssuchenden vor Augen kommt, sondern virtuell in Bits und Bytes in auch zunehmend mobilen und miniaturisierten Gerätschaften. Content findet auch nicht mehr allein in Wort und Bild seine Darstellungsform, er soll und wird auch in multimedialer Vielfalt angereichert mit Ton und bewegtem Bild. So stehen also Unternehmen auch der Medien- und vor allem der Zeitungsbranche in einem geldverschlingenden Konkurrenzkampf um multimediale Präsentationsformen im Internet, mit denen der höchst- und schnellstmögliche Aufmerksamkeits-, Informations- und

Unterhaltungswert für ihre Nutzer erzielt werden kann. Für nahezu jedes Medium der Informationsindustrie, sei es Zeitung, Magazin, Hörfunk, Fernsehen, für alle Arten privater Informationsdienstleister, freilich auch für Unternehmen der Realwirtschaft, können aktuellste Informationsinhalte *en masse* kostenfrei abgerufen werden. Informationen geeignet für Häppchen-Rezeption, als geistiges Convenience-Food, als Online-Abruf: Das ist der Vermarktungsplatz des Weltwissens, das ist *e*-Commerce, wenn Kaufabsicht konkret wird, ob er sich im Büro, im Privatzimmer oder mobil auf multimedialen Smartphones abspielt.

Der Name (Domain) ergänzt durch ein „.de" für Deutschland, einem „.com", sprich dot-com, für kommerziell geführte Websites, einem „.org" für Organisation, oder ähnlichen Lokalisierungs-Top-Level-Domain-Kürzel ist die Freikarte für die digitale Reise durch Portale verzweigtest angelegter Korridore in die virtuelle Welt der Widerspiegelung aktuellster Zustände der realen Welt. Sie ist dem Eintretenden immer Globalisierung pur. Ihre Vertreter sind in ihren neologistischen Kennzeichnungen die so genannten Internetaffinen, die „Digital natives" (Begriff von *Prensky 2001, marcprensky.com*), die Netzbürger, die „Netizens" (Begriff bei *M. Hauben 1997*) oder die Web 2.0-Generation (Begriff Web 2.0 bei *E. Knorr 2003*). Für sie alle ist der Zugang ins Netz wie eine Freikarte ins Disneyland, wie ein Tummeln auf Abenteuerspielplätzen für Erwachsene und Kinder, üblicherweise erschöpfend genug, bevor dubiose Pay-Walls, die Schranken von Zahlbarrieren erreicht sind. Um die Zweijahrtausendwende ist somit ein Prozess der geradezu vollkommenen Widerspiegelung der realen Welt in der virtuellen Welt im Gange. Wurde die Erfindung des Buchdrucks als eine der technischen Revolutionen bezeichnet, so gilt die Erfindungs- und Entwicklungskette elektronischer Technologien im Reich der Vermittlung von Wissen und Information nicht minder als Revolution.

Wo bleibt das Buch - Abspaltung seines Contents?

Das Buch selbst aber gerät in den wie ein schwarzes Loch alles verschlingenden Rachen der Weltmaschine Internet. Dem Buch wird nämlich seine materiale Form, seine haptische, die reale Welt ausstattende Erscheinungsform auf bedrucktem Papier zwischen Karton, Leinen oder Leder entrissen. Das Buch, genauer, dessen Inhalt selbst, wird zum digitalisierten virtuellen manipulativen Etwas verwandelt zwischen einem Alles-und-Nichts, dessen man in elektronischen Netzwerken allgegenwärtig, zeit- und schwerelos an allen Orten habhaft werden kann. Das Internet ist Markt und Archiv zugleich, ohne Trennung. Aller Input hat

Archivstatus. Die gewisse Noblesse und Exklusivität des dauer- und obhuthaften Bewahrens, wie es für Bibliotheken und Archive gilt, kommt im Internet daher zwischen Archiv, Kiosk, Müllberg, Messitum, Supermarkt und schön sortiertem Warenhaus.

Das Buch aber bleibt über sein Relikt hinaus im Namen selbst. War doch schon die Nennung „Hörbuch" ein Entern der Vorstellung vom Buch, wo doch allein Textlesung oder Hörspiel in digital produzierten Tönen auf glitzernden Scheiben oder auf digitalen Abruf von Hörstationen stattfindet. Eine Quelle wie *hoerbuch-info.de* des Deutschen Börsenvereins zeigt in Überfülle die Anstrengungen vieler Verlage der traditionellen Buchsparte, die das Hör- dem absatzrückläufigen Printbuch zur Seite stellen, alte Buchinhalte statt für gesättigten Seh- nunmehr für den noch aufnahmebereiten Hörsinn - „auch beim Bügeln" laut einer Werbezeile - weiter verwerten. Das Buch muss also vom Rezipienten nicht mehr in die Hand genommen werden. Wiewohl archetypisch, imaginativ, assoziativ mit seinen Inhalten verbunden ist Buch-Content zu einem Objekt wie die robotoid sich wandelnden Artefakte aus der Science-Fiction-Welt der *transformers.de* geworden, sind des Buches Inhalte multi- und cross-medial wandelbar geworden für alle Sinne.

Die Ironie seines Schicksals ist also die Ausbeutung seiner über kulturreiche Jahrhunderte erworbenen, oft so attraktiven materialen Erscheinungsformen, wenn sie allein noch zur Anreicherung der Attraktivität seiner Visualisierung im elektronischen Netzwerk oder in assoziativer Vorstellungswelt des Menschen dient – wenn etwa für elektronische Buchinhalte auch das klassische Buch mit Einband und Textblock ins elektronische Bild rückt, wenn online gar mit Bildern opulent ausgestatteter Bibliotheksräume geworben wird. Vom Buch als originales Kulturobjekt profitieren seine digitalen Ableger wie die Generika der Pharmaindustrie vom Originalprodukt.

Deshalb ist die Hoffnung beim Trio Buchverfasser, Buchhersteller, Buchverbreiter noch stark genug, dass über das Reizschema „Buch" in die Zukunft hinein ein Käufermarkt realer Bücher erhalten bleiben möge. Einst war ja das Trio eher in hoher Position eines nicht selten einkommensträchtig agierenden Triumvirats, bestehend aus Autoren, Verlegern und Buchhändlern. Die Vorstufen zwischen Kaufentschluss, Bestellung und Bucherwerb über elektronische Kanäle wie a*mazon.de* oder *buch.de* zunehmend ohne werbend-vermittelndes landesweites Vertriebsnetz eines stationären Buchhandels fallen inzwischen für besagtes Trio schwer genug ins Gewicht.

Der Archetypus „Buch" lebt dennoch fort, ist mehr als Träger und Verpackung von Content, ist Teil des Bilderschatzes der Menschheit. Über das Buch werden die heiligen Bücher aufgerufen, können geradezu panreligiöse, pankulturelle Bilder entstehen. Jene Aufforderung „Nimm, lies!", jenes „Tolle, lege!", das ein Kind dem späteren Kirchenvater Augustin (354-430) zuruft und von diesem als Aufruf zur Bibellektüre verstanden wird, ist im Bilderschatz der Beziehung zwischen Buch und Leser sprichwörtlich geblieben. Das Buch als Archetyp, es gehört zu den zeitlosen Urformen, zu den Urfiguren wie jene der Märchen- und Mythenwelt, müsste auch gehören zu den psychologischen Ursymbolen der Lehren eines C.G. Jung.

Die Synthese schöpferischer Formen zwischen Materie und Geist, sie hat ihre Gestalt gefunden vor Gutenberg in Buch-Unikaten (weit davor, sei hinzugefügt, in Unikaten auf Stein, auf Papyrusrollen, auf Pergament) und seit Gutenbergzeit ist diese Synthese zum Kulturgut der Menschheit geworden in einer über fünf Jahrhunderte gewachsenen ästhetisch-künstlerischen Verbundenheit zur organisch empfindenden Natur des Menschen. In den elektronischen Netzwerken tritt nun diese Gestalt dem Internetnutzer seit der Zweijahrtausendwende immer ausschließlicher rein virtuell und identisch widergespiegelt in digitalisierter Form in Erscheinung.

Die zweite Karriere des Buchs als elektronisches Buch? Das E-Buch als Avatar des Realbuchs? Sein Content auf E-Readern eher nervös-ungeduldig mit Touch-Funktion navigiert denn als phantasieanregend mit konzentriert lesenden Augen rezipiert? Der E-Content sekundenschnell erworben – sekundenschnell verworfen? Wird das Buch fortan fast nur noch als Phantom durch die Internetwelt geistern? Wird seine traditionelle Erscheinungsform nur noch historische Verkleidung, Maskerade, typographisch zelebrierte Vorstufe, als Fake, als Täuschung eines gedruckten Buchs sein mit der Absicht, seinen textlich-bildlichen Inhalt, eher formlos, als ein wie immer geformter Inhalt, letztlich doch nur dazu bestimmt, in elektronische Systeme migriert zu werden?

Praktisch gefragt: Das materiale Buch in kleinster Auflage, als „Book-on-demand" produzieren, um es als einen dadurch identifizierbaren Archetyp in Buchgestalt für den Abruf seines Inhalts, seines Contents im Internet bereitzustellen? In vielen Buchverlagen sind technische Voraussetzungen geschaffen für eine cross-mediale Verwertung des digital aufbereiteten Contents sowohl für den Druck als auch für seine rein digitalen Visualisierungen auf Bildschirmen aller Art. Wird das Buch in seiner genialen Erscheinungsform ausgebeutet als optisches Reizschema, wo die Verbreitung seines Inhalts doch nur als digitales, textlich-bildliches Etwas im elektronischen Netzwerk eine Chance hat? Ist das Buch nur noch Beuteobjekt der Internetkrake? Wird sein Content bald hauptsächlich auf elektronischen Lesegeräten im to-go-Stil landen? Sinnfällige Bezeichnungen fanden sich mit *Bibliothek-to-go* oder *Library-to-go* zur Frankfurter Buchmesse 2011 als Slogans für elektronische Lesegeräte für elektronische Bücher. Die Weltbibliothek in der Hosen- oder Handtasche, diese gigantomanisch klingende Aussage ist nicht weit davon entfernt wörtlich genommen zu werden. Wird das Buch überhaupt noch auf Dauer seine Magie entfalten müssen als visuelles Verführungsobjekt oder nur noch über einen absehbaren Zeitraum für eine aussterbende Buchleser-Generation eine Rolle spielen?

Es sei von der überschaubaren Zahl von Bestsellern in Buchform in größten Auflagen, deren Verbreitung in der Regel über raffiniert vernetzte Vermarktungsketten gesteuert wird, abgesehen. Es sind die Ausnahmen, bei denen alle Jahre erreicht wird, dass Bücher zum „Hype" werden, weil sie entweder eine gesellschaftlich unvorhergesehene Dynamik gewinnen oder erreicht wird, dass über die komplementären Massenmedien wie das Fernsehen marketing-strategisch ein Bucherfolg *produziert* wird. Die Frankfurter Buchmessen 2011 und 2012 (*buchmesse.de*) haben deutlicher denn je Signal gegeben, dass die Buchwelt im Internetzeitalter angekommen ist. Nirgendwo noch ein Fragen nach Ob oder Warum, nach Sinn oder Unsinn, Wert oder Unwert, Profit oder Verlust, Akzeptanz oder Verweigerung, vielmehr Augen zu und durch: Digitalisierung, Miniaturisierung, Mobilisierung, Elektronifizierung – die ganze Printwelt mit Routine entmaterialisiert auf die elektronische Bühne stellen. Die Bücherwelt eine Kulisse. Download statt Kaufgespräch. Elektronisch verbilligtes Reader-Equipment statt Regal. Ein Detail des Zusammenhangs zwischen materialem Buch und materialem Folgeprodukt war die Meldung vom schwindenden Absatz der Bücherregale (Kurianowicz, FAZ zur Buchmesse 2011). Alte Regale gefüllt, für neue keine Verwendung!

Das Buch - einst Machtinstrument der Bildung

Wie festgefügt die Vorstellungswelt der gesamten Bildungswelt einzig vom Buch als Bildungsmedium ausgegangen war, ausgehen musste, ohne jede Ahnung, dass es einmal in einer technisch sich wandelnden Welt auch andere, neue bildungsvermittelnde Instrumentarien geben würde, das zeigt stellvertretend für das vorelektronische Buchverständnis in eingängiger Weise eine Sammelschrift wie *Der jungen Leser wegen* (H.P. Richter 1965). Der Charakter des Buchs tritt in den appellartigen Stellungnahmen von Pädagogen, Bibliothekaren, Schriftstellern, darunter Heinrich Böll, noch ganz als wegbestimmendes Medium auf, das einer passiv rezipierenden Jugend zu dessen Wohl aus gestaltendem Geist der Erwachsenen dargereicht wird. Buch und Bildung war synonym und symbiotisch. Das Buch war ein Machtinstrument der Bildung. Besagtes Diktum „ohne Buch keine Bildung" galt, mehr noch: Ein Ohne-Buch-keine-Kultur. Wo auch sollte die geistige Schöpfung hin wenn nicht in dafür geschaffene materielle Körper und geschneiderte Gewänder der Buchschöpfungen?

Die zunehmende Komplexität gesellschaftlichen Lebens, das Hineingestoßen-Werden in die sich beschleunigenden Prozesse gesellschaftlicher Abläufe nach Ende des zweiten Weltkriegs, die transparenter werdenden Regeln, Konventionen, aber auch Forderungen für Schule, Beruf, Alltag und Sonntag, für Gelingen und Funktionieren im Miteinander: All dies stand in jenen Jahren als Forderung vor jedem einzelnen. In den ersten Nachkriegsjahrzehnten nach 1945 war es vornehmlich das Buch, das ins Leben nach dem Krieg führte, der Gesellschaft die Bahn wies. Verlagsnamen waren Programm, Titel waren Aufruf und Versprechen.

Vor Internetzeiten hatte das Buch eine Art unangezweifelten *Public Value*, weil es immer auch als Endprodukt einer Wertschöpfung galt, an der Kompetenz und Sachkundigkeit vom Verleger über den Lektor, den kundigen Setzer und Drucker, den auswählenden Buchhändler teilhatte. Aus dieser Solitärstellung des gedruckten Buchs als schützenswertes Kulturgut heraus ist auch die Buchpreisbindung zu verstehen. Die vor allem nach deutscher Reichsgründung 1871 deutschlandweite Durchorganisierung der ursprünglich 1825 als Börsenverein der Deutschen Buchhändler zu Leipzig gegründeten Standesvertretung erreichte 1888 eine Ausnahmeregelung für das Kulturgut Buch, also eine Relativierung des ökonomisch-kapitalistischen Preis-Nachfrage-Prinzips.

Wäre in der Medienvielfalt um die Zweijahrtausendwende das Buch als Wirtschaftsprodukt noch in Betracht für eine Preisbindungsregelung gezogen worden? Das Buchpreisbindungsgesetz (Gesetz über die Preisbindung für Bücher, novelliert 2006), steht laut §1 in historischer Dimension nach wie vor unter dem hehren „Zweck", dass es „zum Schutz des Kulturgutes Buch" bestehe. Die Verzwicktheit des Gesetzes in multi-medialen Zeiten wird deutlich auf entsprechenden Informationsseiten bei *boersenverein.de*.

Das Buch – zwischen Beziehungs- und Billigobjekt

Das Buch als Kulturgut. Das scheint auf im traditionellen Buchleser, er muss nicht einmal Buchliebhaber sein, wenn es darum geht, wie er das gelesene Buch behandeln will. Die Funktion eines gelesenen, *gebrauchten* Buchs ist zwiespältig. Seine Kulturhaltigkeit scheint seine Funktionshaftigkeit als Wegwerfware, als Sperrmüllgut *irgendwie* auszuschließen. Ein Buch dem Altpapier, dem Recycling nach ökologischer Praxis zu überantworten, es scheint in vielen Printbuch-Lesern eine Scheu auszulösen, geradezu eine Schamgrenze zu berühren. Wenn dem so ist, dann unter Entschuldigungsformeln, dann auch wie das Auflösen einer menschlichen Beziehung, wie das Verleugnen einer Erlebnisverbundenheit. Vielleicht kommt auch deshalb ein kleines Rachegefühl am Buch auf, wenn es aus Enttäuschung genüsslich in den Müll geworfen werden kann.

Immer häufiger aber kommen Buchregal, der Bücherschrank, kommen die Bücherwände, selbst wenn sie als mögliche Imponierkulisse erachtet werden, in ihrer Ausdehnung an ihre häuslichen Grenzen. Der Büchermarkt hat alle Voraussetzungen dafür geschaffen, dass die Limits schneller erreicht sind als dem Bucherwerber lieb ist. Das räumliche Limit wird oft auch deshalb schneller erreicht, weil Buchsuche auch auf Billigsuche trifft. So sehr unter den Buchsuchern Freude über *Schnäppchen* ausgelöst werden mag: Gesehen über seine Langzeitauswirkung auf den Buchmarkt ist der Billigbuchmarkt eher hochproblematisch. Hochtechnisierung im Druck-, Konzentration im Verlags-, Globalisierung im Publikationsbereich ermöglichen das Herausschleudern nicht selten attraktiv gestalteter Bücher in Hardcover, bevorzugt aus populärer, internationaler Sachliteratur wie sie in einem von Sach- und Problemthematik dominierten Zeitgeist Anklang finden. Es sind in der Regel Bücher des Massengeschmacks eines Massenpublikums mit halber oder ganzer Bildung, in Massenauflage gestapelt, zu Minimalpreisen deutlich ausgepreist, wie Neuerscheinungen oder Bestseller angeboten oder auf Wühltischen als Billigware den Schnäppchenjäger und Geschenkkäufer anlockend.

Das Billigbuch war immer ein Markt, aber noch nie wurde es so gezielt und in solcher Menge zur Vermarktung gebracht. Die Branche diskutiert darüber, auch hinsichtlich sinkender Profitmargen durchaus bei Umsatzsteigerung und, in psychologischer Konsequenz, in der Sorge über die Verwöhnung des Kunden mit Niedrigstpreisen und seine Gewöhnung daran. Ein Blick in entsprechende Online-Quellen, Stichwort Billigbuch, zeigt das Ausmaß, in dem Büchermassen produziert und in den Markt gepresst werden: Ob gezielt als Billigbuch produziert, ob deklariert als modernes Antiquariat vom Regulär- zum Billigbuch geworden, ob als Gebrauchtbücher, Mängelexemplare oder ob akkumuliert als Büchermassen der Rest- oder sonstig verbliebenen Auflagen: Die Büchermassen wandern nicht nur zu realen Trödel- oder Flohmärkten, sie finden sich in den Angebotslisten unterschiedlichster Online-Bücherbörsen für Händler und Privatleute. Mit der Ermahnung unter *antiquariatsrecht.de*, gesetzgeberische Bestimmungen auch für Online-Buchhandel besagter Sparte zu beachten, können die Tausenden von Tonnen an Buchbeständen im Lande wieder in Bewegung kommen.

Das kleine „e" für elektronisch hat es wieder möglich gemacht, dass sogar das Reale, wie es Printbücher sind, vom Virtuellen des Internets, wie es der e-Commerce für Berufs- und Privathändler ist, angestoßen werden kann. Die elektronischen Systeme haben eine Sophistikation erreicht, die alles in den Schatten stellt, was ein traditioneller Buchhändler *in situ* seiner stationären Buchhandlung üblicherweise leisten oder *draufhaben* kann. Sei es im bibliographischen Aufspüren, sei es in händlerischen Modellen bis zu Preisvergleichsaufrufen unter unzähligen Buchtiteln, sei es in Datenerhebung zu Kundenprofil oder Kaufverhalten, wie es die Neo-Disziplin des Customer-Relationship-Managements auf die Spitze treibt. Jedenfalls sorgt der E-Commerce auch für Bücher dafür, dass die Buchmassen sozusagen nach Rotationsprinzip über Online-Handel, darunter *abebooks.de, booklooker.de* oder *amazon.de* aus den Backlists der Verlage, aus Regalen und von Speichern geholt werden können. Über solcherlei Strategien auch der Billigmarktbranche, die den auch nicht *blöden* Buchkäufer anlockt, konnte nicht zuletzt die Preisbindungsmauer durchlässig gemacht werden.

Die Grenzen verwischen. Bücher, wie immer deklariert nach oben erwähnten Kategorien, welcher Preislage auch immer: Mehr denn je finden sie ihre Angebotsplattformen online. Unter ihnen ist der in eigener Charakterisierung bezeichnete Online-Marktplatz *ebay.de* zum Synonym geworden für Online-Kaufen-Tauschen-Handeln vornehmlich von Gütern, Objekten, Gegenständen, darunter die Bücher, aus privatem Besitzstand, meist von Dinglichkeiten einer Ökonomie, die in immer größeren Massen, in immer kürzeren Produktzyklen, in immer kürzerer Produktionszeit zu immer niedrigeren Preisen die Konsumentenhaushalte geradezu bis zur Decke füllen.

Die stille, fast heimliche Bewusstseinshaltung, noch dazu genährt aus Vermarktungsbotschaften für *e*-Produkte, macht sich auch in traditionellen Buchkäufern breit, dass der ganze häusliche Bücherbestand doch auch auf einem elektronischen Chip zu lagern wäre. Noch halten, wie Absatzzahlen stationärer Buchhandlungen oder Online-Shops zeigen, die Buchaffinen einige Treue zu ihrem Printobjekt. Aber ein Submarkt wächst. Das Anwachsen der Buchmassen, auch über besagten Billigmarkt, hat Handelsformen aktiviert, die sich in einem immer verzweigter werdenden Kreislauf außerhalb des klassischen Buchhandels abspielen.

Als Konsequenz der Scheu vor dem Entsorgen eigener Bücher, ein Buch im Müll enden zu lassen und zugleich der Versuch aus der Not des Zuviels an Buch im häuslichen Umfeld eine Tugend zu machen, hat neben privatem Subhandel à la Trödel- und Straßenmarkt weitere, geradezu psychologische Entlastungsformen entstehen lassen. Eine darunter bezeichnet sich als Book-Crossing, erstmals als Idee 2001 bei Ron Hornbaker, einem amerikanischen Programmierer, dessen Ausgangspunkt genau diese Einsicht ist, dass jeder genug Bücher ohne Chance je wieder gelesen zu werden auf seinen häuslichen Regalen habe.

Die Idee, solcherlei Buchexemplare mit einge-
fügtem Herkunftshinweis „in die Freiheit" zu ent-
lassen, wie es auch ein Ablegen auf einer Parkbank
sein kann, hat gezündet. Ihnen, den Büchern nämlich, wird eine weitere Funktion der Kontaktauf-
nahme und ein Austauschen über das Internet mit
Co-Lesern wo immer in der Welt gegeben. Mehr als
drei Millionen im Crossing befindliche Bücher sollen es sein und über eine Million Bookcrosser, die
sich weltweit vor allem über das Internet, darunter
bookcrossers.de oder *bookcrossing.com,* über Irr-
und Sinnwege ihrer Bücher austauschen.

Einige Verlage haben über das Prinzip Hoffnung,
dass Bookcrosser-Erlebnisse auch zu realen Buch-
käufen führen könnten, Begründung für ein Ein-
klinken in unzählige Spielarten des Bookcrossings
gefunden. Ob die Branche des Printbuchs zwischen
gebremster Entmassung weltweiter Buchbestände
und dennoch ungebremster Leidenschaft von Buch-
liebhabern auch über Neukäufe von Büchern ihren
Vorteil ziehen kann, wird statistisch schwer zu er-
mitteln sein. Wieder zeigt sich auch in dieser origi-
nellen Idee, wie sehr es als Verrat am Kulturgut
Buch empfunden wird, ihm nicht die Würde eines
Kulturguts angedeihen zu lassen. Überfluss, Überproduktion, Kultursättigung, geradezu Kulturgut-
Adipositas - das Buch lebt!

Das Buch als Idylle! Noch einmal ein Beispiel für eine Bücherwelt wie das Eintauchen in ein Märchenland, das Segeln zu einer Insel der Glückseligkeit, zu einem Wallfahrtsort, einer Kulturoase mit Festivalcharakter, eine Melange des Suchens und Findens aus Bücherstapeln von preiswerten bis antiquarischen Liebhaberbüchern. Das ist seit einigen Jahrzehnten etwa das Bücherdorf in Mühlbeck-Friedersdorf, ein Pendant zum ersten existierenden Walliser Buchdorf Hay-on-Wye. Auch hier das Second-Hand-Prinzip, das Buchbestände auch aus Schenkungen der Weiterverwertung zuführt und mit Buchbestand aus anderen Quellen in Mühlbeck die Dimension einer halben Million Exemplare erreicht (Buch aktuell 3/2011). Das Internet legt auch in dieser Idylle zum Beweis seiner Existenz seine dialektischen Spuren, zum einen über den Link *buchdorf.com* (s. Quellen unter „duebenerheide") und für Bücherdörfer außerhalb Deutschlands *booktown.net* und zum anderen legt das Internet eine Konkurrenzspur hin zum Onlinekauf, wenn naheliegt, dass Besucherschwund der bequemeren Form des Online-Bücherkaufs zugeschrieben werden muss.

Wo bleibt der Verleger – der Büchergott?

Verlagsname und Verleger als Inbegriff und Vorstellungswelt für ein Programm waren beim klassischen Bücherkäufer auch Synonym für Profil, für ein Programm, ein Segment, eine Präferenz. In den Zeiten von Verlagskonzentrationen, Übernahmen, Mergers sind Wiedererkennungswert und Identifizierbarkeit von Verlagsname und Programm diffus und missverständlich geworden. Entsprechende Trends in den Verlagsrankings lässt seit 2003 das Branchenmagazin BuchMarkt, *buchmarkt.de*, in Buchverlags-Image-Studien veröffentlichen. Für 2012 hieß es beispielsweise in BuchMarkt (Oktober 2012), dass die meisten Leser Rowohlt kennen (24%), gefolgt von Heyne (20%).

Der Verleger in der Zeit des monomedialen Buchs war eine respektable, honorable Figur. Der Buchverleger war nicht selten identifiziert mit seinem Verlag. Nomen und Opus fast verschmolzen, wie es die Beispiele zeigen, da Verleger und Verlagsnamen eins waren. Von Ernst Rowohlt über S. Fischer bis Suhrkamp oder Piper als Repräsentanten des Geistes und namensgebend in Verbindung mit Erschaffung und Verbreitung ihrer Bücher. Gestaltgebung war ihr Tun, wie es in alter Wortwahl hieß, um dem Inhalt des Buchs geistige Wirkung verleihen zu können. Der Verleger und sein Buch waren Kulturträger.

Nun ist also im einstigen Triumvirat Autor-Verleger-Buchhändler Stellung und Identifikation des Verlegers höchst vage geworden. Im Zuge anhaltender Verlagskonzentrationen besonders seit Ende des 20. Jahrhunderts haben nicht allein die Verlage, sondern auch die Verlegergestalten ihre Kontur verloren. Wie Goethe und Schiller beim Bürger als Synonym für die Autorengestalt stehen, so stehen auch nach dem Jahr 2000, wenn auch meist vage, Namen wie besagte Rowohlt, Fischer, Suhrkamp, auch Reclam, Goldmann, Heyne oder Droemer als Verlegergestalten und Synonyme für Verlage im Sinne buchverbreitender Unternehmen.

Zu den enthusiastischen Bekundungen für einen Verleger alten Stils gehört, beispielhaft angeführt, die Hommage an den Verleger Kurt Desch (1968) zu seinem 65sten Geburtstag, wie sie in der Festschrift „seiner" Autoren nachzulesen sind. Apostrophiert als Freunde, Förderer, Vermittler, Bewahrer, Beweger (S. 180ff) gelten für den Literaten Hermann Kesten (1900-1996, *kesten.de*) die Verleger auch als Finanziers und Buchhalter der Musen, stehen in schöpferischem Verhältnis zu ihren Autoren, sind Agenten, Apolls, Herolde des Zeitalters, edelste Ideenhändler, große Kulturkaufleute. Der Verlag sei dem Verleger sein Hauptbuch, so wie es im Falle Kurt Deschs er selbst geschrieben haben würde. Der Verleger sei „immer der Vater seiner Autoren", „sie seien seine Schützlinge", so Max Tau (1897-1976), der Förderer großer Autoren und 1950 erster Preisträger des Friedenspreises des deutschen Buchhandels. Außer seinem Autor habe laut Kesten der Verleger einen Lektor, einen Hersteller, einen Drucker, einen Reisenden, der über Land sein Werk anbiete, einen Buchhändler, der es verkaufe, einen Kritiker, der es rühme oder verreiße.

So wohl gefügt war einst die Bücherwelt und es war gewiss eine Zeit, die Nachkriegszeit nämlich, bevor die Phase beginnender Überproduktion, bevor Wettbewerb, Konzentration um die 1980er Jahre in Fahrt kam. Bis dahin war es eine Zeit, da für Bücher noch Platz war oder gerne geschaffen wurde in Bibliotheken und privaten Haushalten, da der deutsche Kultur- und Bildungsmarkt noch mit ihnen gefüllt werden konnte. Die großen Verlegergestalten wie Samuel Fischer, Ernst Rowohlt, Peter Suhrkamp, oder Wilhelm Goldmann und besagter Kurt Desch konnten nur diesen Grad der Festigkeit, Souveränität und Entfaltung in einer Zeit erlangen, da das Buch ein so gut wie konkurrenzloses Medium in einem noch ungesättigten Markt war.

Das Buch – sein eigener Konkurrent

Wer ist schon Verleger, wer Verlag? Die auf öffentlichem Markt landenden, die Aufmerksamkeitsbudgets und Interessekapazitäten von Informationssuchern okkupierenden Publikationen sind Legion. Gemeinde, Länder, Bund sind wahre Massenverleger für Informationsbroschüren bis in Dimensionen umfänglicher Buchformate. Länder- und Bundesministerien unter ihren jeweiligen WWW-Adressen, die Landes-, Bundeszentralen für politische Bildung unter *bpb.de* decken einen essentiellen, besonders ausbildungsverwertbaren Informationsbedarf an politischen, soziologischen, historischen, nationalen wie internationalen Themen ab. Die Publikationen sind auch in Buchform meist kostenfrei oder zu geringer Bereitstellungspauschale oder aber als elektronischer File frei erhältlich. Da wird also das kostenfreie Buch ein Konkurrent des kostenbehafteten. Wer ist Verleger? Wer fragt schon danach? Es ist die Institution, es sind die Abteilungsleiter, die Referenten, externe Autorenschaften unter dem Dach einer finanziell gut aufgestellten Organisation, einer Behörde. Auch der Staat wird Service-Leister unter Stichworten wie *open government* oder E-Government *(bmi.bund.de)*.

Parallel zu dieser so gut wie *preislosen* Publikationsflut befleißigt sich die Unternehmenswelt in dieselbe Richtung. *Corporate Publishing* ist der Begriff, hinter dem immer publikumsgefälligere Darstellungsformen aus Unternehmen in Print und Online die Aufmerksamkeit der Öffentlichkeit gewinnen wollen. Das Gebot der gesellschaftspolitischen und wirtschaftlichen Lage zwischen Wettbewerb, öffentlicher Profilierung und Imagepflege hat die Unternehmen auf den Weg gebracht, sich selbst, ihre Aufgabe, ihre Entwicklung, ihren Erfolg, ihre Historie, ihre Verdienste, ihre Sicht von sozialer Verantwortung als Corporate Social Responsibility in Schrift, Bild und Ton, in Print und Online zu dokumentieren. Selbst umfängliche Jahresberichte zeigen publizistisch populäre Formate in Darstellung, Gestalt und Verbreitungsformen.

Mitarbeitermagazine für die interne Kommunikation und Kundenmagazine für die externe gehören zur Philosophie der Public Relations. Einen Eindruck der Vielfalt publizistischer Darstellungsformate gibt etwa *forum-corporate-publishing.de* und selbst unter *deutschepost.de*, Stichwort Corporate Publishing, offeriert das Unternehmen mit Behördentradition „Tools für wirksame Kundenbindung" und bietet sich als „Ratgeber Kundenmagazine" an. Der journalistisch immer professioneller produzierte Content mag abgetan werden als Spezialsegment, das den Publikumsmarkt kaum erreicht, doch vorwurfsfrei gesagt ist er doch Teil der Entwicklung hin zu immer größerer Informationsflut, zum Overkill auf dem Medienmarkt, zum akkumulierten Bestand dessen, was das Aufmerksamkeits- und Zeitbudget bis über die Kapazitätsgrenzen – auch im buchaffinen Bereich - der Rezipienten ausreizt.

Bücherschätze der Welt – elektronisch geortet und gehortet

Während der Printmarkt mit Überproduktion und Überangebot immer am Rande ökonomischer Überreizung steht, vollzieht sich parallel dazu ein Transfer ungeheurer Buchbestände in elektronische Speicher. Die technologischen Voraussetzungen schaffen nicht nur die Verbreitung von E-Books als reguläre Publikationen unter Buchpreiskonditionen. Das kleine „e" für elektronisch hat auch bewirkt, dass die Chance genutzt wird, vorhandene Bestände als digitalisierte Text-Bild-Formate online – ob kostenfrei oder -pflichtig – sozusagen der Weltöffentlichkeit zugänglich zu machen. Die Bibliotheken selbst sind es zunächst, nicht zuletzt gefördert von der Europäischen Union, die im Gange sind, vor allem historische Buch- und sonstige Printbestände in digitalisierter Erscheinungsform zu archivieren.

Unter dem latinisiert-kulturell klingenden Begriff Europeana etwa ist seit 2008 ein Digitalisierungsprogramm im Entstehen, das vor allem den archivierten, nicht im aktuellen Handel befindlichen Buchbestand in digitaler Form jener Internet-Bibliothek namens „Europeana" kostenfrei offeriert. Der Menschheit solle, so *europeana.org* (2008ff), das kulturelle Erbe Europas zugänglich gemacht werden. In diesen Kontext gehört auch die elektronische Aufrüstung des europäischen Informationsmarkts als Europe's Information Society (*ec.europa.eu/information_society*) unter Stichworten wie Digital Agenda for Eu

rope und Digital Library Initiative. In diesen Kontext gehört aber auch das Pushen der Waren- und Medienwirtschaft in elektronische Netze durch die Europäische Union.

Der EU-Verwaltungsapparat hat ein arbeitsreiches Thema gefunden, das er mit dem Ziel der „Stärkung des Vertrauens in den digitalen Binnenmarkt für elektronischen Handel und Online-Dienste" begründet und freilich innerhalb eines globalen Szenarios, in dem sich Europa behaupten müsse. Wie stark das Strategieziel 2020 „für intelligentes, nachhaltiges und integratives Wachstum" für Europa über den Weg der Digitalisierung und Vernetzung erreicht wird, ist kaum einzuschätzen. Der stationäre Handel, die reale Kauf- und Verkaufswelt tritt aus dem Fokus, wenn gemahnt wird, dass digitale Bücher „in Europa noch in den Kinderschuhen" stecken, „während in den Vereinigten Staaten mittlerweile mehr digitale Bücher verkauft werden als Taschenbücher" (EU-COM2011_942.de, S. 7). Hier wird ein Faktum zum Argument gemacht, das keines ist. Hier wird eine ökonomisch funktionierende Wirtschaftsform gegen eine ökonomisch schmälere, zumindest was den Aspekt des Produktions- und Beschäftigungsmarkts betrifft, ausgespielt.

Stichwort „Suchmaschine" – Stichwort „Bibliographie". Wenn Buch- und Internetzeit *Welten* trennen, dann auch im Bereich dessen, was das Auffinden von gesuchter Literatur betrifft. In den zwei Dimensionen des Bibliographierens als aktiven Vorgang der Titel-Ein- und Zuordnung nach alphabetischen, stich- und schlagwort-angemessenen Kriterien war auch der passive Part, also das Auffinden von Titeln nach eben jenen Kriterien, ein Kenntnis fordernder Akt. Der Massennutzer des Internets wird sich bei irgendeiner Titelsuche selten um bibliographische Regeln und Suchstrategien kümmern müssen. Ob Stich- oder Schlagwort, es reicht ein Begriff, ein Name, um den Geist der Flasche zu öffnen, um sich alles, was sich mit dem Begriff, dem Namen dokumentarisch verbindet wie zum großen Reigen auf dem Bildschirm aufspielen zu lassen.

Wie kam der Leser, der Rezipient vor Internetzeiten an seine gesuchten Schriften, an sein Buch? Wo und wie fand er sein Thema? Ohne Suchmaschine, ohne ein Eintippen von Stichwort, Thema oder Namen in elektronische, häuslich installierte, nicht selten mobil mit sich geführte Endgeräte? Was war die Suchmaschine in vorelektronischer Zeit? Die *Suchmaschine* war der Leser, der Rezipient, der Mensch selber, nicht die Maschine. Er, seine Augen, seine Sinne mussten suchend wandern. Wandern im wörtlichen Sinne mit Spürsinn, zu verschiedenen Quellen gehen, zu Fuß, mit der Straßenbahn, mit dem Fahrrad oder sonstigen Vehikeln, Lese-, Studienmaterial ausfindig machen, in Karteikästen fingern, nervende Erfahrungen mit den Tücken alphabetischer Ein- und Zuordnung machen, wissen, was Stichwort und Schlagwort, was Titel und Thema, worin sich Sach- und Fachgebiet unterscheiden – alles, was je nach Anspruch und Notwendigkeit der Sachkundigkeit des Bibliographierens dienlich war. Die Bibliographie als Druckwerk und in ihrer Steigerung die Nationalbibliographie war gewissermaßen des Volkes Werkeverzeichnis seiner Buchkultur: In der Gutenberg-Galaxis war sie allein die Suchmaschine, genauer, der Suchapparat. Wie der Lernende zu Urzeiten ohne Taschenrechner noch seine Grundrechenarten kannte und in Kopfarbeit nutzte, so tätigte der vorelektronische Titelsucher seine Sucharbeit in Zettelkasten und Katalog.

Allein das Bibliographieren als Suchen und Finden üblicherweise von nichts Eindeutigerem als einem Buchtitel erforderte also noch bis in die

1980er Jahre Wissen und Kenntnis auch von Regeln, Quellen, ihrer Unterscheidung in Sach-, Fach-, National-, internationale, abgeschlossene oder kumulative Bibliographien, erforderte Unterscheidung in Primär- und Sekundärliteratur, Monographie, Reihe oder Periodikum. Ja, noch eindeutiger, es erforderte Kenntnis des Alphabets und unterschiedlicher Schreibweisen. Und wo dereinst beim Suchen unter falsch geschriebenen Wörtern eine gute Stunde des Herumblätterns in mehr oder weniger voluminösen Verzeichnissen verging, übernehmen inzwischen Suchmaschinen wie einst erfahrene Bibliographen die Aufgabe orthographischer Korrektur und zwar im Vollzug des Suchvorgangs selbst. So wird es auch im wissenschaftlichen Bereich der Fachautorenschaft besonders im Zeitschriftenbereich leicht gemacht, innerhalb der Online-Publikationen per Klick über eine *crossref.org*-Software entsprechende Verknüpfungen zu anderen Publikationen aufzurufen. Gerade die oft umständlichen bibliographischen Listungen von Autoren, Titeln, Quelle fremdländischer Fachtitel: Der Nutzer braucht sich zu Suche, Finden, Aufrufen an anderer Print- oder Online-Stelle den Kopf nicht zu zerbrechen — die in den Text integrierten Hyperlinks führen punktgenau zu den zitierten Quellen.

Wer unter den deutschen Internetnutzern, den Titel- und Themensuchern ist sich der historischen

Entwicklung bewusst, wie die bibliographisch erfasste Bücherepoche begann mit Messkatalogen in Frankfurt am Main (1564-1749) und Leipzig (1594-1860), mit ersten Gesamtverzeichnissen der deutschen Bücher unter den Namen Heinsius ab 1700, Kayser ab 1750, Hinrichs ab 1797, wie das Zusammenwirken der beiden deutschen historischen Buchmesse-Städte Leipzig (ab 1912) und das hessische Frankfurt am Main (ab 1946) die deutsche Bücherwelt dokumentieren bis 1997 im Frankfurter Bibliotheksbau, die dortige Deutsche Nationalbibliothek zentraler Ort eines bibliothekarischen und bibliographischen Verbundsystems wird? Ein Bestand von über zwanzig Millionen Medieneinheiten cross-medialer Funktionsvielfalt aus Print- und Elektronikwelt hat sich in hundert Jahren zwischen 1912 und 2012 friedlich vereinigt. In Zeiten des Internets eröffnet sich dies bei einem Einblick unter *dnb.de*.

Zettelkästen und Printkataloge in Stadt- oder Hochschul-Bibliotheken hatten mit Einzug von Geräten, die jeden Titel des Bibliotheksbestands über Tastatur auffindbar machten, ausgedient. Die Netzbürger können also leichthin bei Titelsuche übernehmen, was im Buchzeitalter meist Aufgabe der Bibliothekare, der Buchhändler war. Im Zuge technisch ermöglichter Vielfalt fototechnischer oder digitaler Speicherung von Buchinhalten und

sonstigen Text-, Bild- oder Tondokumenten ver-
komplizierte sich freilich die bibliographische Sys-
tematik. So wie die Bibliotheken zu Medienarchi-
ven geworden sind, so werden die Buchhändler
zunehmend die Rolle von Medienhändlern übernehmen, wiewohl der Ausbildungsberuf für den
Sortimentsbuchhandel noch Buchhändler/In genannt wird (*ausbildung-buchhandel.de*). Allein das
Stichwort Bibliographie in einer Suchmaschine wie
google.de zeigt den ganzen Ehrgeiz und die Uner-
müdlichkeit pro Präsenz im Internet, seien es Hochschulen, einzelne Institute, öffentliche Institutionen, Spezialarchive oder Gesellschaften, die sich
dem Werk einzelner Autoren widmen.

Aufgeschreckt hat es Verlage aktueller und realer Buchproduktionen, als globale Suchmaschinen-
Unternehmen wie *google.de* (seit 1998, sich ver-
stehend als Vermittler zwischen Inhaltssucher/
eigner. Vorläufige Einigung mit US-Verlegern, weiterhin Copyright-Holder digitalisierter Titel, Bericht
in Börsenblatt 41/2012) oder Online-Buchhändler
wie *amazon.de* (seit 2005 unter dem Begriff „Se-
arch Inside!") daran gingen, Buchinhalte ganz oder
partiell in digitalisierter Form für Speicherung, Suche und Auswertung alter wie neuer Buchbestände
frei anzubieten. Als Antwort darauf ging mit *libre-
ka.de* (seit 2007 in Verbindung mit VLB – *vlb.de* -
dem Verzeichnis lieferbarer Bücher) der Börsen-

verein des Deutschen Buchhandels in Stellung. So verleibt sich zu Beginn des dritten Jahrtausends die Internetmaschine sowohl eine wachsende Masse vorhandener Buchbestände aus Bibliotheken ein als auch Titel von Lagerbeständen einer immer größeren Zahl von Verlagen — mitgerissen von der Dynamik und unausweichlichen technologischen Entwicklung. Das Brisante daran ist wiederum nicht die Tatsache der Bereitstellung unübersehbarer Informationsmasse aus schier unbegrenzter Kapazität elektronischer Speicher, sondern ihre Entökonomisierung durch freien, kostenlosen Zugang zu immer größeren auch aus kaufwertigen Buchbeständen stammenden Informationsmassen.

Wer spricht noch von Raubkopien im Bereich des gedruckten Buchs? Die Raubkopie als *Aufreger* war schließlich der Nachfolger des Raubdrucks als unberechtigter Nachdruck kompletter Bücher, der um 1500 schon Martin Luther in Rage gebracht hatte (*Presser 1962*). Nun war es aber mit Aufkommen der Kopiertechnik, ihrer Kommerzialisierung in der Produktion von Kopiergeräten - aufgestellt in Bibliotheken, Büros, Kaufhäusern - eine rapid zunehmende Nutzung der Kopiertechnik durch Jedermann und Jederfrau, die Buchverleger Anfang der 1970er Jahre beklagten. Der multimediale In- und Output über das Internet, der elektronisch auf- und abrufbare Content, sei es als Text,

Bild oder Ton, die unzähligen Content-Lieferanten in selbstverlegerische Internet-Formen hat neue Schwerpunkte der Gesetzgebung zum Urheberrecht geschaffen. Der Schutz auf geistiges Eigentum wird zunehmend auf Probleme zu Plagiats-, Filesharing- oder illegale Downloads, ganz allgemein unter dem historischen Begriff „Piraterie", im oder über das Internet verlagert. Das 2008 novellierte Urheberrechtsgesetz hat dem entsprochen, die Umfänglichkeit der Problematik wird etwa im Inhaltsverzeichnis unter *bundesrecht.juris.de/urhg/_97a.html* sichtbar.

Das erwähnte kleine „e" ist es wieder, das Zugang und händische Nutzung des Druckwerks immer häufiger überflüssig, das seinen besagten multimedialen Content zu jenem materielosen, freischwebenden, jeden Orts, für jeden Nutzer frei verfügbaren Kulturgut macht. Aber auch der meist kostenfreien Verfügbarkeit des Druckwerks wird Auftrieb gegeben, wenn Stadtbibliotheken zu sozialen, familienfreundlichen, buchkaufsparenden Begegnungsstätten gestaltet und Orte für Lesungen, Bücherflohmärkten, Ausstellungen oder Diskussionsforen werden (Zahlen und Entwicklung unter *bibliotheksverband.de)*.

Fluch und Segen elektronischer Formate des *e*-Buch – denn der Vorgang ist auch wie ein Heben alter Schätze von Buch- und Schriftunikaten aus versunkenen Zeiten und Welten, ist vielleicht Schonung brüchiger Buchmaterialien, ist aber immer wieder auch Rettung vor dem vernichtenden Händlerurteil *vergriffen*. Der Wissenschaftsverlag Springer, *springer.com*, in Selbstbezeichnung auch *e*Publisher, wirbt 2011 für sein Digitalisierungsprogramm mit der Aussage vom Buch, das nicht sterben wird. Dialektisch darin ist, dass es das digitalisierte ist, das gemeint ist, wenn er sagt: „The book will never die". Denn sterben würde nur der Status „vergriffen" für das Printbuch, dessen Content wiederum in elektronischen Speichern niemals sterbe. Springer-Verlag ist ein markantes Beispiel für die elektronische Riesenwelle an digitaler Masse angesichts seines Digitalisierungsprogramms von 65 Tausend Büchern, wie sie sich seit Verlagsbestehen 1842 akkumuliert haben.

Im amerikanischen Bereich nannte unter dem sinnfälligen Namen *gutenberg.org* Michael Hart (1947-2011) sein 1971 gegründetes Project Gutenberg „the first producer of free ebooks". Gutenberg als Name und Vorstellung von Buchdruck und typographischer Schönheit seiner Bibeldrucke wurde von Hart zur assoziativen Brücke für seine Idee und Pioniertat, Buchinhalte in virtuellen Speichern auf Gerätschaften weltweit sichtbar zu machen. Seine Idee hat Schule gemacht, nämlich - zunächst Copy-

right-freie - Bücher, wie sie den klassischen Buchbestand von Bibliotheken darstellen, zu digitalisie-
ren und zu freiem *download* jedem Internetnutzer
sicht- und verfügbar zu machen. Unter *guten-
bergnews.org* „about history of the project Gutenberg" lässt sich an einem Einzelbeispiel das ganze
Ausmaß und die Geschwindigkeit der technologischen Entwicklung prototypisch verfolgen.

Das „e" als Zauberbuchstabe öffnet also den Rezipienten über immer mehr Online-Anbieter auch
vermehrt Informationen neuer und aktueller Buchbestände. „e"-stöbern, -browsen, -wandern durch
die digitalisierte Welt der Bücher, Informationen
über sie auch genug nicht bis zur Wert-, sondern
bis zur Erschöpfung, bis zur Übermüdung, „bis zum
Abwinken" auch ohne abschließenden Kaufakt.

So das letztere dennoch stattfindet, geschieht es
immer häufiger als bestellte Übernachtlieferung
des Content zwischen Buchdeckel und auf Papier
oder als E-Book mit dem Buch-Content elektro-
nisch-virtuell geladen auf mobil nutzbare Endgeräte. Als Konsequenz daraus nimmt die Kaufaktivität
da ab, wo Bücher real zum Verkauf präsentiert
werden, im klassisch-traditionellen Umfeld des
Sortiments einer realen Buchhandlung (Abwärts-
Trends zeigen die in *Buch und Buchhandel in Zahlen*
veröffentlichten Statistiken in Print und Online un-

ter *boersenverein.de* oder *mvb-online.de*). Immer verbunden mit der Konditionierung des informationssuchenden Rezipienten hin zur Nutzung des Internets ist also auch der Prozess der Erosion ökonomischer, wertschöpfender Aktivitäten. Kostenlos bedient und gesättigt werden in Labyrinthen von Informationskanälen, mit digitalisiert optisch und akustisch immer attraktiverem, sogwirkend aufbereitetem Content, in dem man sich verlieren und vergessen kann: Das ist der Rezeptionsstil der Internetgeneration.

Wann und wo soll der Zweijahrtausendmensch auch noch Zeit, Kraft oder Muße finden für die Kultur- und Mühseligkeit realen Bucherwerbs und jenem „Ich lese ein Buch"-Habitus? Das Buch, das an das Organische, Materiale, an Erdschwere gebundene Objekt ist in seiner Unterscheidung zum elektronischen Aufruf gleicher Inhalte am Bildschirm vergleichbar dem von Hand geschriebenen Brief, der zum Entstehen Schreibutensil, Papier, Umschlag und postalisches Versenden – erinnert sei an die reiche Briefkultur früherer Jahrhunderte – beansprucht. Gemessen am schnellen elektronischen Mailing stellt sich das Briefeschreiben geradezu als wertschöpfender Vorgang dar.

3. Das Internet als interaktiver Turbolader für gesellschafts-politische Dynamik

Open Content statt Buch

Im Sog des Internets, im gebannten täglichen und nächtlichen Verweilen seiner Nutzer vor den Endgeräten, ob stationär oder mobil, im interaktiven Austausch über alle Kommunikationskanäle des Sehens, Hörens, Sprechens und Schreibens, im Sitzen, Stehen, Gehen, Liegen: Die Technologien bestimmen, was der Mensch an Verhaltensformen annimmt - geradezu bis zu dessen Erschöpfung, bis an die Limits der Aufzehrung der Budgets an Zeit, Konzentration, Aufmerksamkeit. Das sind nur einige Facetten der Folgen der Internetkonkurrenz zum gedruckten Buch.

Openlibrary.org (für meist *vergriffenen* Buchbestand), *opensource.org* oder *opensource.de* 2004ff (für Computer-Software), *open-access.net* (für freien Zugang zu wissenschaftlichem Content; Bezahlmodelle über Abonnement-Regelungen nicht ausgeschlossen) sind nur einige Beispiele, die das ökonomische Prinzip Geld-gegen-reale-oder-geistige-Ware massiv durchbrechen. So hat sich, nur als Beispiel gewählt, unter einem Online-Zugang wie *opencontent-bw.de* für frei zugängliches Bildungsmaterial auch das Bundesland Baden-Württemberg dem Trend der Zeit angeschlossen. Es ist ein Trend, aus dem sichtbar wird, wie sehr das Internet seine Funktion als ungezügeltes Informationsmedium in gezielt konstruktive Bereiche hinein erweitert zur umfassenden Bildungs- und Ausbildungsplattform.

Im privatwirtschaftlichen Sektor sind es auch viele Schulbuch-/Lehrmittelverlage, darunter so große wie *cornelsen.de*, *klett.de* oder *westermann.de*, die in umfänglichster Weise Informationsmaterial zur Lehr- und Unterrichtspraxis online den Lehrenden wie Lernenden zur freien Verfügung stellen – freilich mit dem Ziel hin auf käuflichen Erwerb relevanter Lehr- und Unterrichtstitel. Hatten zu Buchzeiten in der Regel allein Anzeigen, Prospekte, Leseproben schon von ihrer stofflichen Umfänglichkeit her ihre engen Grenzen auf buchstäblich gewichtigem, transportschwerem Papier, so kann das Internet durch die so gut wie fehlende Kategorie einer räumlichen, zeitlichen, qualitativen, quantitativen Begrenzung und seine barrierefreie Kapazität im virtuellen Raum zur Aufnahme schier bodenloser Masse an Input gefüllt werden. Allein schon das Verwalten und Sortieren von Dateien und Downloads wird manchen hyperaktiven User mehr Zeit kosten als es ihm real informativen Nutzwert bringt.

Von Reichweiten der Internet-Plattformen wird gesprochen. Reichweite, Aufmerksamkeits- und Zeitbudget hängen zusammen. Die *Informationsgemeinschaft zur Feststellung der Verbreitung von Werbeträgern (ivw.de)* gibt mit der Veröffentlichung der Anzahl von Online-Nutzung eine beeindruckende Vorstellung. Allein für April 2012 ermittelte sie die Gesamtzahl gemeldeter *Visits* auf WWW-Adressen für Medien- und Informationsportale mit über fünf Milliarden. In den Rankings sind es die Platzhirsche der etablierten Printmedien Bild, Spiegel, Welt, Süddeutsche Zeitung, Frankfurter Allgemeine Zeitung, die die Nutzerliste der Nachrichten-Online-Plattformen anführen und zwischen 150 und 20 Millionen monatliche Visits zählen. Das von den Visits aufgezehrte Zeitbudget der Nutzer würde sich anders darstellen, wären die in der Regel kostenfreien Visits und entsprechende Nutzungsdauer mit Gebühren verbunden.

Nicht allein im obigen Zusammenhang, sondern grundsätzlich stellt all dies Versuchung und Reiz ungebremsten Inputs dar nicht nur für professionelle, sondern besonders auch für Content privater Lieferanten, auch unter dem Stichwort *usergenerated content*. Ungebremst, das heißt, ohne viel Mahnung eines Kalkulators, Kostenbewusstsein, Endpreislimits oder themen- und umfangsbezogene Verkäuflichkeit im Blick haben zu müssen.

Ein solcherlei Eigendynamik entwickelndes System ist auch Treiber und Motor. Im Netz herrscht, auch über die Funktionen interaktiver Teilnahme zwischen Produzenten und Rezipienten eine Art Gleichrangigkeit, wie innerhalb einer Peer-Group, die sich keinen Zwang antut und deren Dia- oder Multiloghaftigkeit nur zu weiterem Input anspornt. Sach- und ähnliche Bücher, die irgendwo noch in einer Wohnstube des Lesens oder Nachschlagens harren, können warten, denn deren Inhalt ist doch viel umfänglicher und aktueller am Bildschirm ab-, von Sofa oder Stuhl aus, auch stehend oder gehend, aufruf- oder downloadbar.

Wie könnte die in der Zeit des Internets angesammelte Informationsmasse als Bezahlware in Print-, in Buch- oder auch Zeitschriften-, Zeitungsform noch erscheinen? Zur Druckbewältigung käme eine Großindustrie auf Touren. Wie die Lehrmittel- und auch andere Verlage, so sind es auch die Zeitungsmedien, die umfänglichsten kostenfreien Content ihrer täglichen Berichterstattung online stellen. Die Appetizer, die Hors d'œuvres, das Vorkosten, die kleinen Extras des Hauses: Die Zahl derer, die vor einem Bezahlmenu noch den Appetit - sprich Kaufreiz - auf *paid content* eines Print oder e-Produkts verspüren oder zu bezahltem Mehrverzehr angeregt werden, ist Teil von Motivforschungen. Die Regel steht am Ende: Was einmal als Content, paid oder non-paid, online verfügbar ist, ist für den Printmarkt verloren.

Bildungsserver statt Buch

Was einst zur Vorinternetzeit also - außer in Zeitschriften — auch in je aktuellen Buchausgaben von Verlagen als notwendige Lektüre gerühmt werden konnte und etwa als Informations- und Diskussionsstoff zum Thema Ausbildung und Schule auf größtes Bücherleser-Interesse in Fachkreisen stieß, das ist heute in strategischer Breite und Vielfalt zugangs- und kostenfreier Stoff im Internet. Einstiege bieten nicht allein im vorigen Abschnitt erwähnte Lehrmittelverlage, *endlos* surfen lässt sich auch etwa bei *bildungsserver.de* als Gemeinschaftsservice von Bund und Ländern oder, aufgebaut mit Mitteln des Bundesministeriums für Bildung und Forschung und zahlreichen Kooperationspartnern, auf *lehrer-online.de*, das mit „einem qualitativ hochwertigen, kostenfrei nutzbaren Internet-Service" den schulischen Einsatz digitaler Medien unterstützt, auch zur Steigerung dessen, was als e-Learning verbreitete Anwendung findet.

Für alle Ausbildungsbereiche, ob schulisch oder beruflich, ist inzwischen *Medienkompetenz* das Stichwort des letzten Jahrzehnts, das nur selten das Buch meint als vielmehr den Umgang mit dem Internet. Wie vorbehaltlos das Internet als gesellschaftliches Konstitutiv erachtet wird, zeigt auch etwa die vom Ministerium für Bildung und Forschung geförderte Plattform *schulen-ans-netz.de* oder, ebenfalls im schulischen Bereich, das Bundesland Rheinland-Pfalz mit *medienkompetenz.rlp.de* nach dem wortspielerischen Motto „Medienkompetenz macht Schule", das ein animierendes Programm fördert, das lehrt, wie Schüler unter anderem auch „clever recherchieren im Internet". So ist auch vom marketingunterstützten Prinzip Hoffnung die Rede, von einer Arbeitsgemeinschaft von sechzehn Verlagen perfekt online-präsentiert, wenn auf umfänglichem kostenfreiem Informationsabruf bei *studium.utb.de* Schlüsselkompetenzen für Lernen und Studium gefördert werden sollen. Letztlich soll der aufwendig gestaltete, großzügige Informationszugang für Studierende dazu dienen, den real bezahlten Buchkauf, ob als Print oder E-Book, zu fördern. Die Seriosität ist im volatilen, schillernden Medium Internet angekommen.

Die freien, offenen Quellen, besonders wenn sie mit dem Namensbestandteil *open* versehen sind, werden in der Verständnissuche ihrer Verbreiter begleitet von unterschiedlichsten Definitions- und Begründungsmustern, was unter „open" oder „free" im Sinne von Copyright, Lizenz, geistigem Eigentum zu verstehen ist. So zeigt die Rubrik „Rechtsfragen rund um Open Access" wie sehr diese Plattform für frei zugänglichen wissenschaftlichen Content unter *open-access.net* besonders hohen Legitimierungsbedarf sieht. Alle Betreiber frei zugänglicher Portale aber sind durchdrungen vom Prinzip „informationeller Freiheit", reklamieren etwa im bundesdeutschen Umfeld das, was sich aus Artikel 5 des Grundgesetzes herleiten lässt, denn „jeder hat das Recht, seine Meinung in Wort, Schrift und Bild frei zu äußern und zu verbreiten und sich aus allgemein zugänglichen Quellen ungehindert zu unterrichten". Technologische Entwicklung und Verbreitungsgrad des Internets drängen geradezu die Schlussfolgerung auf, dass erst mit dem Internet jener Artikel 5 des Grundgesetzes in seiner ganzen Umfänglichkeit und seiner geradezu wort-wörtlichen Bedeutung verifiziert wird.

Diese Entwicklung prägt freilich auch alle anderen Gesellschafts- und Politikbereiche. Bund, Land, Gemeinde, Legislative, Exekutive und Judikative, Ministerien, Institutionen, sie alle suchen und zeigen in vorteilhafter Eigendarstellung unter jeweiliger Stichworteingabe umfängliche Präsenz *im Netz*. Wenn je der Begriff *öffentlich* seine Berechtigung gehabt hatte, dann seit den Zeiten allgegenwärtigen und allzeitlichen Zugangs zu jenen sich öffentlich reklamierenden Institutionen, die in den Vor-Internetzeiten weit mehr auch die Chance des Sich-Verbergens hinter Schrank- und Zimmertüren hatten. Die geradezu zwanghafte Aktivität gesuchter Internetpräsenz in allen gesellschaftlichen und politischen Gruppen entspringt auch einem Perspektivenwechsel im Rollenverständnis. Galt es doch — abseits von gezielter Informationsverweigerung, Firmen- oder Behördeninterna öffentlich werden zu lassen - eher als eine Tugend, seine betrieblich-organisatorischen Strukturen kein Thema sein zu lassen für die *draußen im Land*, für Externe und Außenstehende, all jene, die das *nichts angeht*. Die neue Perspektive aber schafft ihre eigene Internetphilosophie, die den Reiz, die Chance, geradezu den Charme darin sieht, ein Detail- und Topp-Bild von sich als Mensch und Unternehmen, seinen In- und Outputs und seinem privaten und beruflichen Environment öffentlich zu machen. Das Internet hat Persönlichkeitsmerkmale wie Eitelkeit und Selbstdarstellungswunsch der Menschen erreicht - jenseits aller freilich auch sachlich gesuchten Begründungen für die Notwendigkeit von Internetpräsenz.

Manche Ensembles im Darstellungsmarkt des Internets wären in vorelektronischen Zeiten zu Buchtiteln geworden. Denn nicht anders als private Unternehmen und Organisationen sind es auch Kunst, Kultur, Unterhaltung, vom Straßen-, Sport-, Jahrmarkts-, Jahreszeitfest bis zu großen Bühnenaufführungen, die neben dem primären Ziel der Informationsverbreitung auch unter dem Zwang zur Selbstbehauptung stehen. Eine Internetadresse zu haben unter unzählig vielen der gleichen Branche zwingt zur zunehmend perfekter werdenden Präsenz in der WWW-Welt. Wer nicht online ist, existiert nicht. Entdecken wir nicht bei uns selbst, wie fast unwillkürlich der Blick kurz von einem Text abschweift auf der Suche nach einem WWW, sobald die Lektüre Produktnamen, Firmen, Institutionen zum Thema haben?

Technologisch weitet sich die Internetaktivität nämlich auch zu Handelsplattformen mit Katalog-, Produktangebots-, Bestell- und Bezahlfunktion unter dem Gesamtphänomen, das *e-Commerce* genannt wird. Der stationäre Buchhandel hat sich inzwischen an den Schrecken gewöhnt und entwickelt Hybrid-Formen der Abwicklungen zwischen Suche in jedweden Onlinekatalogen, sodann aber möglichst mit einer Landebahn zu Bestellung und Kauf über eigene Onlineplattformen bei geographisch georteten individuellen Buchhändlern.

So bietet die vom Börsenverein des deutschen Buchhandels betriebene Internetplattform *buchhandel.de* „ein umfassendes Online-Angebot für Leser und Buchkäufer" und ergänzt, dass sein Online-Portal neben der Recherche im VLB (Verzeichnis Lieferbarer Bücher, *vlb.de*) auch die Bestellmöglichkeit bei mehr als 400 Partner-Buchhändlern vor Ort enthält. Noch vertritt der Börsenverein des deutschen Buchhandels, so seine 2012-Zahlen auf *börsenverein.de*, rund 1700 Verlage und 3800 stationäre Buchhandlungen. Mit möglichst unverwechselbarem Online-Auftritt mit Buchkauffunktion mühen sich immer mehr auch kleinere, eigentümergeführte Sortimentsbuchhandlungen ab, nach der Kundendevise: Bei uns „online bestellen – offline lesen".

Wissenspool statt Buch

Noch nie wurde ein so großer Teil der Menschheit von einer einzelnen, spezifischen Technologie, wie es die des Internets ist, in einem so rasanten Tempo erfasst. Eine gegenseitig wirkende Dynamik im Sinne demokratisch-emanzipatorischer Prozesse ist die Folge. Das ökonomische, firmen- oder unternehmensspezifische, so genannte proprietäre Prinzip verliert auch in kapitalistischen Systemen seine Relevanz. Die neuen Technologien, wie vor allem jene unter dem Begriff Web 2.0 (siehe Hinweis unter *E. Knorr 2003*) mit ihrer multimedialen, interaktiven Gestaltungsvielfalt durch seine Nutzer, haben kostenfreie Spiel- und Wirkungsräume für Social Media ungeheuren Ausmaßes geschaffen. Es sind gesellschaftliche Entwicklungen, die die besagte alte ökonomische Regel – Ware, Service oder

Dienstleistung gegen Bezahlung – *uralt* aussehen lässt.

In keiner Quelle tritt das Prinzip informationeller Freiheit und das Neo-Prinzip „Ware-ohne-Bezahlung" oder auch „Informationsware-als-Allgemeingut" so rein in Erscheinung wie in dem seit 2001 (in Deutschland 2004) sich verzweigenden Informationsportal *wikipedia.de* (oder *wikipedia.org* für weitere Sprachen), in Selbstcharakterisierung bezeichnet es sich als freies Online-Lexikon, als freie Enzyklopädie. Wikipedia erfüllt das Muster eines sich selbst regulierenden Systems, als Work-in-progress. Wie in gesellschaftlichen Systemen und Institutionen letztlich alle an einem Prozess der Vernunft, der Versachlichung, der Effizienz, der Eliminierung von Unvernunft, der Ausmerzung von Unsachlichkeit, von Desinformation mitwirken, so scheinen alle am Corpus Wikipedia mitwirkenden Autoren in gemeinsamer Schwarmintelligenz den Corpus Wikipedia als universalen Wissenspool vervollkommnen zu wollen (Schindler 2007).

Die Beiträge, so *wikipedia.org,* werden von meist „individuellen Autoren unentgeltlich konzipiert, geschrieben und nach der Veröffentlichung gemeinschaftlich korrigiert", sodann werde erweitert, aktualisiert und zugangsfrei kostenlos der Weltöffentlichkeit zur Verfügung gestellt. Die große

Zeit der großen Lexika, der Brockhaus-Enzyklopädie etwa, ist vorbei. Das lexikalische Prinzip ist auf den Kopf gestellt worden. In den klassischen Print-Lexika war der finale Stand zuverlässigster Information als „gesichertes Wissen der Welt" festgehalten, bei Wikipedia steht die Form zuverlässigster Information am nie ganz erreichten, wenn nicht unerreichbaren Ende als besagter Work-in-progress. Vom Prinzip her ist ein Jeder Enzyklopädist. Prinzipiell sind alle Köche und Gäste zugleich. Der Buchverlag Brockhaus musste die Konsequenz aus der Internetkonkurrenz ziehen und wird künftige Auflagen multimedial im Internet *online* verknüpfen (*brockhaus.de/enzyklopaedie*).

Assoziativ scheint auf, was das Ideal der Enzyklopädisten der Aufklärung war vom Menschen, dem das Wissen der Welt zu jeder Zeit abrufbar bereit steht. Das Weltwissen nicht mehr verstreut an vielen Orten, sondern vereinigt in wenigen Kompendien zur Hand, das konnte im Gutenbergzeitalter seit der Aufklärungsepoche des 18. Jahrhunderts gelten. Und schneller als in Büchern nachgeschlagen ist seit Internetzeiten das Wissen von jedem Erdenbürger sekundenschnell aufgerufen aus externen enzyklopädischen Internet-Speichern. Wikipedia Foundation jedenfalls firmiert als eine Non-Profit-Organisation freien Wissens. Aus dieser Selbstsicht heraus muss das Begehren zu verstehen sein, dass Wikipedia von der Unesco anerkannt werde als „ein Meisterwerk menschlicher Schöpfungskraft und von universellem Wert" und also Status und Rang als erstes digitales Weltkulturerbe zugesprochen erhält. Dennoch: Auch Wikipedia als digitales Unternehmen unterliegt der Dynamik und Volatilität internet-basierter Netzwerke.

Das Internet als Turbosystem politischer Prozesse – nicht das Buch

Im Vergleich zur weltweit intensiveren Nutzung der Internettechnologie stand den arabischen Freiheitsbewegungen seit 2010 das gedruckte Buch kaum als kraftvolle Quelle der Unruhe, des Drängens zu gesellschaftlichen Veränderungen zur Seite. Was der Buchdruck vor gut 500 Jahren als Voraussetzung für die Verbreitung reformatorischer Schriften eines Martin Luthers etwa, und – durchaus revolutionär – die organisatorische und geistesgeschichtliche Teilung des Christentums in die römisch-katholische und die lutherisch-protestantische Kirche ausgelöst hatte, das konnte die traditionelle Bücherwelt ein halbes Jahrtausend später in ähnlichen Umbruchsituationen nicht mehr leisten. Auch der islamischen Welt war das Buch primäres Verbreitungsmedium und meist inhaltlich konform mit islam-religiösen oder herrschaftlichpolitischen Prinzipien. Der Buchmarkt in arabischen Ländern, wie er auch Beispiele zeigte auf internationalen Buchmessen, etwa der Frankfurter Buchmesse, war meist im Griff traditionsverbundener politisch-religiöser Machtträger (*faznet.de* 2011).

So ist auch der Vergleich mit dem Zusammenbruch der sozialistischen Systeme zulässig bei der Beurteilung von Freiheitsbewegungen im arabischen Raum. Der Mensch als ganzheitliches Wesen in welcher Erdregion auch immer, befähigt zum Sehen, Lesen, Schreiben, Hören, Sprechen, Erleben, Erkennen, Denken und Handeln ist nicht unterteil- und abgrenzbar in Kasten- und Kaderwesen, in Proletariats- oder Parteimensch, in Aristokrat oder Untertan, in Arbeiter- oder Bürgermensch. Er kann solcherlei Rollen einnehmen, aber er kann nicht auf sie begrenzt werden. Die identische Naturausstattung des Menschen, seine Gleichheit, bedingt seinen menschenrechtlichen Anspruch. Die vom Internet angetriebene Globalisierung, die weltweite Verknüpfung sowohl der traditionellen Medien wie Buch, Zeitung, Rundfunk, als auch die auf Internet basierenden, sich schnell verbreitenden Technologien in allen Lebensbereichen beweisen, wie sehr Medienwandel auch Gesellschaftswandel ist. Diese allgemeine Aussage ist erneut im Zusammenhang mit aufständischen Bewegungen in arabischen Staaten erhärtet worden.

Kein Herrschaftsverständnis kann einen Menschen ausschließen vom gleichen Recht auf Sehen, Lesen, Schreiben, Hören, Sprechen, Erleben, Erkennen, Denken und Handeln. Besonders die technologischen Möglichkeiten, die Allpräsenz und Macht der Medienindustrie in demokratisch verfassten Industrieländern, besonders aber die geradezu basisdemokratischen, interaktiven und mobil einsetzbaren Möglichkeiten, verbunden mit dem Hauptbegriff Internet mit wachsenden Teilnehmerzahlen, haben globale Transparenz in allen Lebensbereichen, gesellschaftlich wie politisch, geschaffen. Es ist eine Transparenz, die Herrschaftswissen weder zulässt noch letztlich möglich macht.

Die Tatsache, dass über die neuen interaktiven Medien grundsätzlich das partizipatorische Prinzip verbreitet wird, hat auch dazu geführt, dass vor allem in industrialisierten, demokratisch verfassten Staaten immer mehr Bevölkerungsschichten teilhaben an veräußerlichten Lebensstilen, die sich nur noch pekuniär-quantitativ unterscheiden von denen der *High Society*, denen der *oberen Zehntausend*. Massenproduzierte Konsumgüter, ein nicht selten formschön-eleganter Zuschnitt des vorherrschenden Lifestyles verbreitet sich, zumindest aber die demokratisch gesicherte Teilhabe an Rechten und Ressourcen im Land und über fast alle Grenzen hin. Dies wird nun nicht zuletzt von regimekriti-

schen Kreisen in arabischen Ländern für alle rekla-
miert. Die Zeit, da Aristokratie und Herrscherfami-
lien, Privilegierte und Diktatorenregime geradezu
eigentumsrechtlich von *ihrem* Land und Volk reden
konnten ist vorbei — es sind einzig geopolitische
Machtverhältnisse, nicht international rechtspoliti-
scher Standard, die weltlich oder religiös basierte
Diktatorenregime ein Weiterbestehen ermöglichen.

Die vierte Gewalt als die sich die Medienmacht
gegenüber den klassischen drei Gewalten von Legislative, Exekutive und Judikatur wahrnimmt, wird
im Zuge der Internetzeit potentiell von einem Jeden repräsentiert. Nicht mehr allein eine Gruppe
von Professionellen der Medien, wie es Publizisten
aller Medienformate, ob Journalisten bei Zeitung
(Leif 2007) und Rundfunk, also Radio und Fernsehen, oder auch im Buchsektor sind, können sich
noch unangefochten darstellen als Berufene, die
dem Volk die Welt erklären - sei es in gewohnten
Bahnen und in traditionellem Selbstverständnis als
Gate-Keeper, als Opinion Leader, als Agenda Setter
wie es in der amerikanischen Forschung (Noelle-
Neumann 2001) metaphorisch so schön auf den
Begriff gebracht wurde. Die Welt war das, was in
der Zeitung stand, zu ergänzen ist, was auch in
sachhaltigen Büchern stand.

In Internetzeiten ist das seit Aristoteles gültige Kommunikationsmodell eines Ablaufs Sender-Botschaft-Empfänger aufgehoben, ist in der professionell gesteuerten Printwelt das mediale Prinzip Ereignis-Medium-Rezipient, wie es auch für das Buch gilt, nur noch ein kraftloser Teilaspekt. Das *Volk* erklärt sich selbst die Welt, formiert sich selbst über mobile Vernetzungstechnologien zu Teilnehmern der vierten Gewalt. Das *Volk* kann es da, wo dem einzelnen Inputgeber kostspielige Zugangswege wie Print oder Fernsehen erspart bleiben, vornehmlich also auf privaten elektronischen Gerätschaften. Auch in der Buchwelt ist jedem Berufenen oder Unberufenen anheimgegeben, sich abseits noch traditionell organisierter Buchverlage über so gut wie kostenfreie Online-E-book-Versionen zum Autor zu machen. Der Bürger, der Rezipient dank Internet zum ersten Mal gewissermaßen auf Augenhöhe mit dem Elitevertreter, dem Produzenten, dem Publizisten.

Das Internet musste auf der Bühne der Welt erscheinen, um eine Ahnung davon zu geben, was der Mensch in seiner Ganzheitlichkeit ist, nämlich Gleicher unter Gleichen. Das Internet hat begonnen, die Gesellschaft mit allen qualitativen Vor- und Nachteilen zu demokratisieren. Das demokratisch-menschenrechtliche Prinzip hat sich in monomedialer Zeit des Buchs immer nur exklusiv, bildungsbezogen, qualitativ wertend, humanistisch-elitär, pathetisch, passiv-erwartend manifestiert. Im Internet mobilisieren sich aber demokratisch-menschenrechtliche Prinzipien quantitativ, partizipatorisch, bildungsneutral, konkret, nachweisbar, interaktiv-fordernd.

Professionalität als Kategorie sachgemäßer Handhabung einer beruflichen Tätigkeit war immer graduell, nie absolut. Jeder kennt in beruflichen Tätigkeiten defizitäre, also unprofessionell arbeitende Vertreter. Doch seit Internetzeiten verstärkt sich in der medialen Welt das Phänomen einer Auflösung der Trennung zwischen Professionalität und Amateurhaftigkeit. Die gesamte Journalistenbranche leidet unter dem Konzentrationsprozess der Zeitungs-/Zeitschriften-Verlage im Bereich personeller Ausstattung. Nur wenige *echte Profis* haben eine Art Festanstellung in den Redaktionsstäben, dafür aber Delegierung an Auszubildende, Praktikanten, Hospitanten, Volontäre, Aushilfskräfte, Freiberufler. Die Redaktionen arbeiten immer ausschließlicher nach Abfolge cross-medialer Newsdesks, in Formen zwischen Multitasking und Task-Force-Einsätzen, nach Ad-Hoc-Manier und nicht selten nach kompromisshafter „Good-enough-quality". Es sind Entwicklungen, wie sie in Fachpresse oder in Tagungsberichten von Medientreffen wie Mainzer Tage der Fernsehkritik (Informationen unter *zdf.de*) oder Mediendisput (*mediendis-put.de*) ihren Niederschlag finden. Das durch das Internet geschaffene Paradoxon wird deutlich: Immer größere öffentlich zirkulierende Informationsmasse bei immer geringerer personell-professioneller Medienschaft.

Die Medaille hat freilich zwei Seiten. Denn mobile Vernetzungstechnologien entfalten auch ihre Effizienz im Einsatz bei organisiertem oder fundamentalistisch-terroristischem Verbrechen. Aber auch das Halbjahrtausend Buchzeitalter kann dem Vorwurf nicht entkommen, auch ein Halbjahrtausend Kriegszeitalter gewesen zu sein.

Diese Logik in ihrer positiv-emanzipatorischen Ausprägung ist also am Ende des ersten Jahrzehnts des dritten Jahrtausends weltweit angekommen, nicht zuletzt auch in der jungen Generation der arabischen Bevölkerung. Selbst wenn in etlichen arabischen Ländern diktatorisches Machtvakuum noch durch islam-religiöse, Staat und Kirche nicht trennende Macht ausgefüllt wird, so wird die Entwicklung sich immer weiter zubewegen auf menschenrechtliche Prinzipien hin im Sinne von Menschenrechtskonventionen wie etwa der Vereinten Nationen, zumindest deren Offenlegung etwa durch Menschenrechtsgruppen und wird immer häufiger und schneller auf den Plan gerufen über Vor-Ort-Quellen mobiler Medien.

Die Printmedien, also das gedruckte Buch oder das Periodikum Zeitung/Zeitschrift, sie können wie zu allen Zeiten auch heute noch zensiert, manipuliert, verboten, ihre Autoren korrumpiert oder unterdrückt werden. Die virtuell-basierte, vor allem die miniaturisierte und mobil einsetzbare Internettechnologie kann es nur temporär. Und hier auch hatte besonders die Entökonomisierung im Medienbereich den Protestbewegungen den Verbreitungsschub gegeben. Die herkömmlichen organisatorischen Strukturen im Staatsapparat können den technologischen Möglichkeiten freier (genauer: so gut wie kostenfreier) Lieferung, Verbreitung, Nutzung von elektronisch kursierenden Informationsinhalten nur kurzzeitig Barrieren entgegen setzen.

Das Internet als Turbosystem individueller Prozesse – nicht das Buch

Das Buch als Verbreitungsmedium auch zu Zeiten Jean-Jacques Rousseaus (1712-1778) als einem der geistigen Vorbereiter der Französischen Revolution war dennoch nie ganz aus dem Bannkreis getreten, ein eher konservativ etablierendes Medium zu sein. So hat der Buchmarkt in seiner vorwurfsfrei zu sehenden Funktion stets soziale

Schichten bedient, so wie er etwa die Leserschicht der Trivialliteratur mit Trivialliteratur bedient hatte. Die Geschichte des Buchs und entsprechende Sachliteratur (etwa Rautenberg 2003 oder Hiller/Füssel 2006) zeigen die Verwobenheit des Buchs auch mit sozialgeschichtlichen Entwicklungen.

So hatte in Vorinternetzeiten auch der Verbreitungsweg des Buchs über stationäre Buchhandlungen immer den Charakter einer Selektion, immer den einer Deutungshoheit des Buchhändlers über das seinen Kunden vorgelegte Sortiment. Unabhängig von Zwängen mitbestimmender, regionaler oder betriebsabhängiger, handels- oder branchenspezifischer Marktlage sah der Buchhändler in seinem Wirken das Ideal des Beratenden, des vorweg Informierten, des aus großer Auswahl zum geistigen Gewinn des Kunden Wählenden. Abgehobene Autoren, die im Ringen um Wort und Wahrheit standen, ihrer Leserschaft auch Verkünder und Vermittler waren, die in der Attitüde des „Einsamer nie" eines Gottfried Benn ihre Stellung sahen (Die Stellung des Dichters − eine Entthronung, in Schanno, Glaube und Vernunft 2011), in solcher Abgehobenheit gefiel sich bis Anbruch der Internetzeit wohl auch mancher Buchvermittler, sprich Buchhändler (thematisiert von G. Schanno in Serie *Buchhandel unter Druck*, in *Buchhändler heute* 9/2006-6/2008).

Das multimediale, zeit-raum-unabhängige, interaktive Ineinandergreifen von Schrift, Bild, bewegtem Bild und Ton als Faszinosum nahezu uneingeschränkter global-dimensionierter Kommunikation zwischen den Bürgern, „denen draußen im Lande", „dem Mann von der Straße", zwischen „Hinz und Kunz", arm und reich: All dies hat Dynamiken ausgelöst, wie sie nie für möglich gehalten wurden. Herrschaftswissen erreicht alle – ob letztlich diejenigen mit oder ohne Einfluss. Sich alleine durch Informationsstand privilegiert zu fühlen und Deutungshoheit für sich zu reklamieren war nicht allein konformes Verständnis der politischen Klasse, es war auch konformes Verständnis von Vertretern der Medien, darunter auch der Verleger, die ihre Professionalität verstanden als Legitimation für ihre Deutungshoheit gegenüber ihren Rezipienten. Ihre Vermittlung von Nachrichten in Auswahl, Darstellung, Auslegung geschah in der Regel über klassisch-traditionelle Kanäle wie Zeitung, Zeitschrift, Rundfunk oder Fernsehen und eben auch dem Buch. Mit besagten Begriffen aus US-amerikanischer Forschung wie Gate-Keeper oder Opinion-Leader wurde das Eindringen der Rezipienten, der Bürger, der Unprofessionellen, der Laien auf das Terrain der professionellen Medienwelt verhindert. Erst der universelle, allgemein und frei zugängliche Kanal des Internets hat die Vertreter der professionellen Medienwelt zu Strategien der Partizipation gezwungen.

Als auffälligste, über Internettechnologie ermöglichte Zugangswege für den Rezipienten seien nur Begriffe wie Blog (Kurzform für Logbucheintrag im Web, seit 1997) erwähnt, oder Twitter (*twitter.com* seit 2006) für die Veröffentlichung von Meldungen und Kommentierungen aus Privat- und Berufswelt im Internet. Kaum noch ein traditionelles Medium, das nicht die neuen partizipatorischen Interventionsformen aus privater Bürgerquelle in seine berufliche Medienarbeit miteinbezieht. Erst durch die Internettechnologie sind die Medienvertreter bei ihrer Klientel angekommen, bei denen also, die im traditionellen Produzenten-Rezipienten-Verhältnis als zahlende Kundschaft zu ihrem Lebensunterhalt beigetragen haben und nun zu Mitproduzenten geworden sind. Die Internetnutzung auf Massenbasis hat die Rolle des Rezipienten etwa im Zeitungsbereich gesprengt, als er noch Schreiber von Leserbriefen sein durfte, denen von den Redaktionen klug selektiert, meist auf spärlich wenig Raum, der Selbst- und Rechtfertigungsdarstellung ihrer Leser eine kleine Bühne geboten wurde.

Selbst für Großtexte aus Laienhand, deklariert als Buch, bauen sich dem Bürger kaum noch Grenzen auf, die einer Internet-Platzierung im Wege stehen, durchaus auch in Printform, wenn er zu Kostenbeteiligungsmodellen bereit ist. Es wäre eines näheren Blicks wert, in welchem Ausmaß inzwischen die Buchwelt noch die gern etwa vor Buchmessen zitierte Masse von Bucherscheinungen (etwa „hundert Tausend neue Bücher auf der Messe!") aus traditionellen Buchverlagen erreicht, sondern vor allem aus autoren-finanzierter Büchermasse. Von der online gestellten eBook-Masse abgesehen, wird auch für das materiale Buch die marktwirtschaftliche Kalkulation zunächst so gut wie außer Kraft gesetzt. Was über den näheren Blick auch als Diskussionsthema bleibt, ist die Frage nach Qualität, nach dem, was traditionelle Verlage unter Lektoratsprinzip verstehen. Von der Diskussion zur Disputation kann dann kulturkritisch gefragt werden, ob traditionelle Verlage ihr wirtschaftliches Überleben allein noch in Einbettung ihrer zur Auswahl gelangten Titel und Autoren im Rahmen von Vermarktungsketten gewährleisten können.

Als weitere Folge emanzipatorischer Stärkung des globalen Medienbürgers war es besonders *youtube.com* (seit 2005), das die globale Verbreitung privater Videodokumente ermöglichte. Eine „worldwide video-sharing community" entstand. Ziemlich zeitgleich kann seit 2005 über *youtube.com* polizeiliche Gewalt in Diktatorenregimen vor Ort der Welt ebenso sichtbar gemacht werden wie peinlichste Selbstinszenierungen aus der Youtube-Community. Die internetgetriebene Demokratisierung hat auch eine Art Durchmischung, eine Art Entschichtung traditioneller Gesellschaftsschichten und ihrer jeweiligen Lebensstile ausgelöst. Waren einst die Filmstars von Ufa bis Hollywood unerreichbar in ihrer Erscheinung, waren Idole der Schönheit und des Lebensstils begrenzt auf sie allein, von den Bürgern wie ein Traum gesehen, so sehen wir heute auf allen Straßen und Plätzen, in allen Locations, einen Jedermann, eine Jederfrau wie Look-Alikes im kosmetischen und modischen Outfit ihrer kurzzeitigen Idole aus Film und Fernsehen in Erscheinung treten. Konsum und Knowhow, Style und Fashion in bezahlbaren Varianten haben alle erreicht in Stadt und Land, Schein und Sein haben sich angenähert im Blitzlicht allgegenwärtiger digitaler Kameras.

Wahlkämpfe in demokratischen Staaten werden immer häufiger mitentschieden durch möglichst große interaktive Präsenz politischer Gruppen und Parteien im Social Media des Internets: Durch Community-Building, durch Mobilisierung von Anhängerschaft über das Internet all jener, die über kein anderes Medium als dem des Internets so schnell, direkt, zeit- und ortsunabhängig erreichbar sind. Das Internet ist eine Demokratisierungsmaschine. Der für die Partei der Demokraten erfolgreiche US-amerikanische Wahlkampf 2008 mit Barack Obama als Präsidentschaftsbewerber gilt als bisher eindrucksvollstes Beispiel aus dem politischen Bereich für die Mobilisierungskraft über das Internet. Es waren Effekte, die auch für Obamas Wiederwahl 2012 als mitentscheidend angesehen wurden.

Aber auch eine zur *piratenpartei.de* gewordene Aktivistengruppe mit großem Erstwahl-Erfolg (um 9%) in der Landtagswahl Berlin 2011, die sich als Partei den sinnfälligen Namen „Piraten" gegeben hat, ist gewissermaßen ein aus der Internetdynamik und –Allpräsenz entstandenes „Produkt" einer Generation, für die das Internet wie eine technologische Extension ihrer organisch-geistigen Ausstattung und Selbstbestimmung geworden ist. Die Piraten sind aber auch das, was im ursprünglichen Zusammenhang die Erbengeneration genannt wird. Sie erben nämlich die Technologie ihrer Vorgenerationen und beanspruchen sie mit größter Selbstverständlichkeit als ihr Eigentum. Sie profitieren von einer Technologie, die über jene auch finanziell und materiell Lebensunterhalt sichernden Produktionswege entstanden ist, doch von ihnen der Kritik bis zur Verachtung preisgegeben werden. Erfolg und Durchsetzungskraft dieser Technologie wurde schließlich ermöglicht durch Sicherung geistigen Eigentums und materiellen Lebensunterhalts für

Tausende der Internetwirtschaft. So können wir anekdotisch gesehen als Ergebnis im Fernsehen das lockere Twittern eines Piratenvertreters während einer politischen Talkrunde verfolgen, während etablierte Politiker sich den Kopf darüber zerbrechen, wie Sozialversicherungssysteme intakt gehalten werden können.

Piraten sind also auch Profiteure der Bildung. Denn Bildung im weitesten Sinne gesehen ist Zugang, Teilhabe, wenn nicht gar verstehendes Mitwirken da, wo Informationsprozesse ablaufen - vor Gutenbergzeiten auf wenige begrenzt, nach Gutenberg bis zur Internetzäsur auf viele erweitert, und nun in Zeiten des World-Wide-Web 2.0 ist Bildung in besagtem Sinne so gut wie jeden erreichend. „Jeden", das schließt auf die Besonderheit des Internets als ein Medium, das eine individuell empfundene Aktivrolle verlangt als ein ständig Entscheidender und Navigierender. Begriffe wie Surfen und Browsen, die interaktiven, multifunktionalen Möglichkeiten meist zwischen Bannerwerbung und Hyperlinks, der Reiz, der Ehrgeiz, das Mitmischen, Illusion und Wirklichkeit, über Abstimmungsfunktionen ein am gesellschaftlichen oder politischen Prozess Beteiligter zu sein, all dies hat das Internet ein Turbosystem auch individueller Prozesse werden lassen.

Gerade Social Media wie *facebook.com*, *youtube.com* oder *twitter.com* haben die globalen, sich selbst organisierenden so genannten Communities bilden können, in geografischen Räumen und scheinbar fest gefügten politischen Systemen, wie es besagte arabische Staaten bis ins Jahr 2010 zu sein schienen, haben umwälzende Entwicklungen mit ausgelöst. Demokratie, in welchen spezifischen Varianten auch immer, sie ist nicht allein eine politische Frage, sie ist eine anthropologische im erwähnten Sinne der Ganzheitlichkeit und Unteilbarkeit des Menschen. Es ist erstaunlich zu beobachten, dass es die Technik war, die Menschheitsidealen wie Gleichheit, Freiheit oder Gerechtigkeit (bei aller Gegenwehr aus verbliebenen Diktatoren- und Gotteswächterstaaten) Schub- und Durchsetzungskraft wie nie zuvor verliehen hat.

Weder Aufklärung noch Humanismus noch religiöse Botschaften mit ihren Idealen von menschlicher Geistigkeit, Erhabenheit, göttlicher Ebenbildlichkeit, auch nicht die Verkündigung der Menschenrechte für eine internationale Staatenwelt (Allgemeine Erklärung der Menschenrechte, Vereinte Nationen 1948) haben eine geradezu ungehinderte Verletzung menschenrechtlicher Prinzipien in einer Vielzahl der Mitgliedsstaaten der Vereinten Nationen verhindern können. Auch globale Kenntnis und Wissen menschenrechtspolitischer

Standards, verbreitet über traditionellen Buch- und Medienbestand, haben kaum Barrieren bilden und ihre Verletzung in vielen Mitgliedsstaaten der Vereinten Nationen verhindern können. Nun hat die Technologie ein Verbundensein geschaffen, Transparenz gebildet in allen, auch den privaten Bereichen des Lebens, hat technische Befähigung zu interaktivem Mitwirken ermöglicht, hat die Menschen auch in Schwellenländern oder gering entwickelten Staaten ohne demokratische Basis in die Internetdynamik gerissen.

Die Internetarchitektur (einschließlich der Mobiltelefonie) jedenfalls ist mobilster Transporteur geworden einer diffusen, nicht selten konfusen, wenn nicht chaotischen, informationell frei und interaktiv zugänglichen, zum großen Teil kostenfrei nutzbaren gigantischen Welt. Aus solcher technologischer Getriebenheit und daraus entstehender individuell-gesellschaftlicher Gesamtperspektive hat sich ein neuer ideologisch-basierter Ansatz entwickelt. Es sind fundamental argumentierende Vertreter, die den Umgang mit Internet für Medien als zeitgemäße Kulturtechnik propagieren, die nicht umhin kommt, sich „der technologischen Realität" anzupassen. So postulierten fünfzehn Internetexperten, darunter Stephan Niggemeier und Sascha Lobo, siebzehn Behauptungen unter *internet-manifest.de*, die sich wie ein Grundgesetz-Katalog lesen, bevorzugt für die Medienbranche. So lautet Punkt 4 des Internetmanifests, dass „die Freiheit des Internets … unantastbar" sei. Punkt 8 formuliert das, was das Internet in besonderem Maße zum Faszinosum geradezu intergalaktischer Dimension werden lässt mit der apodiktischen Feststellung *„Das Netz verlangt Vernetzung"*.

Nach agitatorischer Gegenwehr der Betroffenen, der Netizens, der User-Generation auch in Straßendemonstrationen verzichtete die Europäische Union (am 4. Juli 2012) darauf, die *Doha Declaration on the TRIPS Agreement* der WTO (2001) über einen EU-gesetzlichen Rahmen durchsetzbar zu machen. Die Akronyme sind Programm: TRIPS als Trade-related Aspects of Intellectual Property Rights (mit allerdings wichtigem Aspekt Lizenzen für hochpreisige Medikamente etwa in afrikanischen Ländern aufzuheben) und ACTA als Anti-Counterfeiting Trade Agreement (*ec.europa.eu/ trade/tackling-unfair-trade/acta/*). Im Agreement sollten Barrieren gegen Piraterie geistigen Eigentums bevorzugt über das Internet errichtet, intellectual properties geschützt, financial losses of copyright holders verhindert, ein juristisches Vorgehen gegen Internet-Copyright-Verletzung EU-weit möglich werden. Eine Open-Source-Philosophie hat sich – 2012 – auf europäischer Ebene durchgesetzt.

Es gibt also im Internet keine Ruhe, kein Halten, alles hat Prozesscharakter. Mit dem Buch und seinem zwischen dem Umschlag erreichten Inhaltsstand (gleiches gilt in je kürzeren Intervallen für Periodika, sei es Zeitungs- oder Zeitschriftenexemplar) ist in irgendeiner Form eine kleinere oder größere Etappe im Informations-, im Erlebnis-, im Erkenntnisstand erreicht bis zum bewusst nächsten Schritt des Weiterlesens, Umblätterns, aus der Handlegen, des Greifens nach einem weiteren Buch oder sonstigen Printprodukt. Eine Weile kann Ruhe im Innenraum des Lesers erreicht sein. Im Internet hingegen mit seinen Vernetzungen, Verlinkungen, Hyperlinks, seiner optisch-akustischen Intensität, die auf professionellen und privaten *Sites* zur Wirkung kommen, wird der Nutzer in unendliche Verzweigungen geführt, verführt, hinein verleitet, hinein gezwungen, aus deren Verstrickung nur mit Anstrengung oder professioneller Abgebrühtheit heraus zu kommen ist.

Die so genannten cross-medialen Verlinkungen innerhalb der einzelnen Internet-Formate, besonders innerhalb der Social Media, erreichen also weitere Wirkungsmacht hin zu einer global vernetzten Gesellschaft. Es liegt nahe, dass individuelle Erlebnisintensitäten, wie sie über all die WWW-Faszination und interaktive Involviertheit entstehen, viele Prozesse nach sich ziehen, in Gang setzen, seien es kulturelle, gesellschaftliche, politische. Nutzungs- und Verbreitungsvielfalt, Transparenz, Enthüllungsfähigkeit: Solche Eigenschaften des WWW sind es denn auch, die in immer mehr Fällen die politische Agenda bestimmen. Namen wie *wikileaks.de* oder *whistleblower.net* sind nicht Schall und Rauch, sondern Programm im Sinne der Enthüllung in vermuteten oder belegten Fällen politisch-missbräuchlicher Macht. Im Internet treffen sich öffentliche und veröffentlichte Meinung in direktesten Zusammenhängen.

Das Buch – Würdigung einer Ikone

In unserem Zusammenhang seien noch – weil doch die Kulturleistung des Buchs als Noch-Ikone gewürdigt werden soll – kleine, eher beiläufige Konsequenzen und Mutmaßungen am Rande in Frageform pointiert: Wenn denn seit McLuhan (1962) bis Bill Gates dem Buch als Objekt der Printwelt das Ende, zumindest ein Nischendasein prognostiziert wird, von Internetpropheten/abhängigen das papierlose Zeitalter herbeigewünscht wird, wie sollen denn Literaturberichte am Fernsehschirm gestaltet werden, wie sollen Romane, Erzählungen, Gedichte präsentiert, eine Gutenachtgeschichte ohne Strom oder Akkuanschluss den Kindern am Bett gelesen werden, Literaturpreise für Romane, Erzählungen, Dramen, Gedichte verliehen werden, ein Literaturhaus sich verstehen - ohne Buch? Die Gutenachtgeschichte vom Flimmerkasten abgelesen, Moderatoren und Autoren ihre Besprechungsobjekte, der Preisverleiher seine Preisobjekte als digitale Abrufseiten vor Bildschirmen postiert, die Rezensenten und Kritiker von Prosa, Vers und Drama mit Maus und Cursor bewaffnet vor elektronischem Gerät, Autoren bei ihren Lesungen kein Buch mehr zum Signieren und der zaghaften Hoffnung, dass sich einige Zuhörer des käuflich bereit liegenden Buchs erbarmen? Wie wird die Zukunft von so genannten Büchermessen: nur noch Flimmerwände, Akku-Stationen?

Wie aber versucht wird, auch international der Erosion der Bücherwelt entgegen zu wirken, zeigt etwa der 1995 von der Unesco ausgerufene Welttag des Buchs (*welttag-des-buches.de*), dem 23. April, des jährlichen Gedenkens an das Buch. Er ist verbunden mit Aufforderungscharakter zahlreicher Institutionen - in Deutschland etwa *stiftunglesen.de* - zur Aktivitätsentfaltung für das Buch als essentielles Medium menschlicher Bildung. Nach pädagogisch-lernpsychologischer Erkenntnis habitualisiert und konditioniert sich nämlich Bücherlesen im Kindesalter, in einem Lebensabschnitt also, da auch das aufregende Spiel am Computer im Kinderzimmer habitualisierend und konditionierend seine Wirkung entfaltet. Die Initiativen aus stationärem

Buchhandel, Schulen oder Kommunen und ihre öffentlichen Bibliotheken zur Leseförderung beweisen immer wieder die sinnliche Vielfalt dessen, was sich mit Lesen von real gestaltetem Druckwerk verbindet, sei es Lese-Scout, -Camp, -Pate, -Lust, -Spaß, -Rabe, -Party, -Freude, -Aben-teuer. Die Bedeutung des Lesens von Zeitungen gehört dazu, denn die auch über *stiftunglesen.de* (Studie *Zeitschriftenlektüre und Diversität*, 2011, *lesen-in-deutschland.de*) verbreitete Erfahrung zeigt: Wer Zeitungen liest, liest auch Bücher. Noch scheint die Gesellschaft in einer Kulturphase, da es das Buch „verdient" hat gewürdigt zu werden, ist es doch in all seinen ihm zugrunde liegenden Eigenschaften und Entstehungsweisen der Quellgrund, das feste mineralreiche Urgestein, das Aggregat, dem die volatilen Internetzustände ihre Bezugsgrößen verdanken.

Der Branchenverband will mit seinen Mitgliedern, den Verlegern und den immer noch gern traditionell genannten Buchhändlern „gemeinsam neue Kapitel aufschlagen" und verkündet das „Prinzip Buch", wie es als Buch-Internet-Szenario in seinem ganzen Spannungsverhältnis steht, diskutiert dies in unzähligen Beiträgen in *boersenblatt.de* oder noch umfänglicher in *boersenblatt.net*, und entschied 2012 eine Imagekampagne mit dem stationären Buchhandel zu beginnen. Eine etwas wilde

Mischung unterschiedlichster Quellen ge- und verleitet vom digitalen Hype bietet sich unter *verlagederzukunft.de*, wo in diskursiver Weise alle erdenklichen Online-Formate des Publizierens, nur nicht die Printform, zur kurzweiligen wie informativen Darstellung kommen.

4. Das Buch als Quellgrund des Internets

Das Buch im Wandel seiner Funktionen

Was sich im Internet spiegelt, stammt aus den Quellgründen der Gutenberg-Galaxis. Im Internet spiegelt sich die Buchkultur bis in all seine Verstrebungen. Wem die Buchkultur vertraut ist, wer in ihr sozialisiert ist, wem sie nahesteht, dem kann das Internet nichts anhaben. Der Internetianer wird rufen: Auch umgekehrt! Gibt es Verwandtschaft zwischen Buch und Internet? Oder frisst das Internet nicht vielmehr die reale Buchwelt wie Saturn seine Kinder? Sind Quellgrund und Erbe des Buchs nicht doch so stark, dass seine Abdrücke, seine Foot-Prints, seine genetische Struktur auch im Internet gar nicht vernichtet werden können, vielmehr der Mensch immer wieder zurückkehrt zur materialen Form des Buchs, es wieder erstehen lässt in Assoziation und Realität, es Premiumprodukt und Königsmedium sein lässt? Wo und wie verlaufen im Internet die Spuren des Buchs als geniale Form, als Archetyp, als material-geistiger Quellgrund für die Karriere des Internets?

Die Spuren beginnen bereits beim Buch als Unikat. Denn in seiner Urbestimmung hatte das Buch immer auch den Charakter eines Unikats. Wenn auch in unterschiedlich hoher Auflage, so war es als

Einzeltitel doch unverwechselbar, individuell, künstlerisch absichtsvoll gestaltet. Das Buch als materiales Objekt aus Einband und bedrucktem Papier war und bleibt autarkes Medium. Der Träger ist die Botschaft. Keine Trennung zwischen Gerätschaft und Inhalt, zwischen womöglich Energie zugeführter Betriebsbereitschaft und Rezeption. Was die Bücherwelt bleibend weitergibt: Sie steht noch heute im Bann gestalterischer Unvergänglichkeiten wie sie Schriftkünstler von Bodoni bis Zapf geschaffen, wie sie Schriftarten von Antiqua über Fraktur zur Helvetica oder Times geprägt haben. Es bietet sich eine Schriftenvielfalt, die inzwischen in den digitalen Textprogrammen sichtbar ist. Mit heutigen Softwareprogrammen einer schier unbegrenzten Speicherfülle, etwa dem von *Word*, können Texte in über zweihundert Schriften (ein Teil davon eigens für elektronische Formate geschaffen) lässig aufgelistet und jeder Text in Bruchteilen von Sekunden in jede gespeicherte Schriftart und Schriftgröße umgesetzt werden.

Wer unter den Nutzern, den jungen zumal, macht sich bewusst, wie viele der Schriften als typographische Einheiten ihre große Vergangenheit, zumindest wohlbedachte funktionshafte Bedeutung hatten, wie ihre so genannte Anmutung, wie die harmonische Verbundenheit Buchstabe für Buchstabe für das Ensemble des Schriftbilds bedacht, jedes hinzugefügte oder weggenommene Detail am Einzelbuchstaben ausgewogen wurde — und dies alles in Zeitläufen von fünfhundert Jahren Buchdruck, in dessen Dienst die kreativen Schöpfungen der Schriftkünstler, der Typographen, nicht zuletzt auch Grafiker und Künstler als Einband- und Umschlaggestalter standen?

Als das Buch noch das monomediale Medium war, tauschten sich über einem fast hermetisch geschlossenen Schatz dessen, was Buchdruckkunst umschließt, vornehmlich satz- und drucktechnisch versierte Experten aus. In Ausbildung und Lehre in der Bücherwelt wurden die Kenner und Meister der Typographie wie „Gurus" höheren Wissens begrüßt. So sei mit Hans Peter Willberg nur ein Beispiel genannt, für den es noch Aufgabe war, Erscheinungsform und Inhalt von Druckwerken in fachkundige Hand zu legen, wie einer seiner Titel *Schriften erkennen* ergänzt, nämlich als *Eine Typologie der Satzschriften für Grafiker, Setzer, Buchhändler und Kunsterzieher (1981).*

Wer zur Internetzeit auch eigener Schriftgestalter seiner Online-Texte sein will, der wird heutzutage allein schon unter einem Google-Stichwort wie „Schriftarten" auf unzählige Do-it-yourself-Wege typographischer Auswahlmöglichkeiten geführt. Die Ergebnisse der Schriftkunst und typographischen Gestaltungsmöglichkeiten liegen vor, sind abholbereit im Internet, abrufbar auf Tastendruck. Jeder ist sein eigener Typograph und ein zwischen geglückt und gewagt Gestaltender. Auch hier dominiert der Autodidakt als der Massenvertreter, der Massenproduzent im Massenmedium Internet.

Bis zum Anbruch elektronischer Satzverarbeitung in den 1970er Jahren hatte wohl jede Druckerei für ihre Setzmaschinen, ob Mono- oder Linotype, einen ausgewählten Schriftenbestand in ihren Setzkästen. Nur noch museal sind inzwischen nicht nur die stählernen Setzmaschinen, sondern auch die Setzkästen mit ihren Beständen an Schriftlettern. Der Buchdruck als Handwerkskunst, die typografische Gestaltung als künstlerische Arbeit, Empfinden für Ursprung und Entstehen, Formen und Entwicklung von Schriftkultur und Druckkunst: Nicht allein Idealisten und Liebhaber aus dem Kreis der Bibliophilen sehen dies als Aufgabe, auch Lehrpläne unterschiedlichster Ausbildungsstätten im Bereich Medien halten gutenbergsche Buchkunst hoch und verpflichtend auch konkret für die Praxis heutigen Gestaltens. Der Gutenberg-Genius wird denn auch, um nur ein naheliegendes Beispiel zu nennen, vom Mainzer Institut für Buchwissenschaft unter *buchwissenschaft.uni-mainz.de* weiter getragen.

Buchgestaltung *lebt*, wie sie einen Höhepunkt in der Tradition des großen Buchgestalters Gotthard de Beauclair (1907-1992) erreicht hatte, oder aktuell im Prämieren der „schönsten deutschen Bücher", wie sie *Stiftung-Buchkunst.de* jährlich auf der Frankfurter Buchmesse präsentiert. Unmittelbarkeit, Anschauung bietet wie wenige Orte der Gutenbergepoche das Klingspor-Museum für internationale Buch- und Schriftkunst (*klingspor-museum.de*). Das Gutenbergmuseum in Mainz am Rhein (*gutenberg.de*), der Geburtsstadt Gutenbergs (um 1400), ist freilich besonders prädestiniert als Dokumentationsort für die Fachwelt und macht sich auch höchst verdient um die Besucher, wenn es mit seiner „museums-pädagogischen Werkstatt" allgemein zugängliche Anschauung und Übungen buchdruck-technischer Ur-Fertigkeiten für heutige Zeiten demonstriert. Es ist unsere Zeit, da doch der Setzkasten *im Volk* eher zum praktisch kleinen Zierkasten an der Wand für kleine Memorabilien im privaten Zuhause geworden ist.

Das Buch – seine ökonomisierte Massenform

Wir sind auf dem Stationenweg rezeptiver Einstimmung und Konditionierung des Menschen in die geradezu mühelos-rasante Bewältigung einer technologisch basierten, neuen Kulturtechnik. Sie stieß auf einen intellektuell vorbereiteten Nutzer, vorbereitet durch die Entwicklung, die das Buch in seinen technisch-diversifizierenden Stadien genommen hat. Zu Beginn des 20. Jahrhunderts setzte nämlich eine Entindividualisierung des Buchs ein, seine kühle, ökonomisierende Versachlichung mit den technischen Möglichkeiten, wie sie alle Lebensbereiche, alle Produktionsweisen materieller Ausstattungen in der Massengesellschaft zu erreichen begann. Für Frieden und Krieg lief schließlich seit der Jahrhundertwende um 1900 wie nie zuvor eine Massenproduktion an. Gigantische Technik in riesigen Stahlkonstruktionen schuf Maschinen für den Buch- und Zeitungsdruck genauso wie für technische Gerätschaften vom Automobil bis zu Panzer und Gewehr. Wie von Henry Fords Fließbändern aus in Detroit die Automobilproduktion einen Massenmarkt bedienen konnte, so konnte von den Rotationsmaschinen in Berlin, Hamburg oder München – es sei der Blick auf den Buchmarkt in Deutschland gerichtet - ein Massenmarkt für Bücher geschaffen werden.

Schrift (oder Font), Satz und Druck sind Stufenfolge einer Einheit, wenn Geist in visueller Form entstehen und vermittelt werden soll. In besonderer Vielfalt ist der Name Linotype verbunden mit der Geschichte dieser Schrift-Satz-Druck-Ausprägungen. Von Ottmar Mergenthaler (1854-1899), seiner 1886 erstmals produzierten Zeilensetzmaschine in den USA, bis zur Internetpräsenz lässt sich unter der Rubrik Firmen-Historie bei *linotype.com* die verzweigte und verknüpfte Firmengeschichte verfolgen, die prototypisch steht für die gesamte Geschichte des Buchdrucks der letzten eineinhalb Jahrhunderte.

Das Buch als Reihe – ein Objekt technischer Dimensionen

Die Technik macht's möglich! Das galt schon immer für das Buch wie es durch die Elektronik in verschärfterer Weise für das Internet gilt. Das gilt also auch mit negativem Vorzeichen für das Buch als eine Art Opfer des Internets. Der populäre Spruch gilt freilich genuin für den Buchdruck. Ermöglicht hat die Technik nämlich seit dem Entstehen großer Druckmaschinen im 19. Jahrhundert, dass das Buch als monomediales Medium, als Unikat gewissermaßen, heraustrat in die Welt des Massenprodukts. So dokumentiert über ihre Internetpräsenz auch *heidelberger.com* unter *Historie* das halbe Universum der Druckmaschinen, zur Weltfirma geworden unter dem Namen „Heidelberger Druckmaschinen".

In dieser Entwicklung ist in Deutschland nach 1945 das Reihenprinzip, wie es seine Höchstform im Taschenbuch erreicht hat, zum Erfolgsprinzip geworden. Das Reihenprinzip ist wie ein Hebel, über den die Inselhaftigkeit des Einzelbuchs über Brücken verbindender Kategorien, seien es gemeinsame Thematik oder ein gemeinsames Motto, eine verlängerte Wirkung erzielt. Das Reihenprinzip hat in gewisser Weise die Definition des Buchs als Unikat, als nicht-periodische Erscheinungsform durchbrochen. Das Gewöhnungsmoment, das bei einem Periodikum bewirkt, dass der Rezipient unaufgefordert immerzu weitere Ausgaben des gleichen Publikationsformats – sei es einer Zeitung oder einer Zeitschrift – erwerben kann, wird für das Buch als Teil einer Serie genutzt. Schon die Volksbücher, etwa die „Volksausgaben für 2,85 Mark" wie sie zwischen den beiden Weltkriegen in hohen Auflagen populär waren, sollten im prospektiven Käufer ein wenig den Sog der Serie hervorrufen.

Verschiedenste Texteditionen unter einem in typographischer Verwandtschaft gestalteten Dach, wie etwa Reihen aus vielerlei Verlagen, unter ihnen so ausdrucksvolle wie Insel- oder Manessebücher, wurden von den Verlagen immer gezielter schon seit frühem 20. Jahrhundert als Vermarktungsmethode genutzt. 1964 machte sich Fischer-Lektor Klaus Wagenbach selbständig (*wagenbach.de*) und begann mit der Herausgabe der Quarthefte. Mit Kurt Wolffs Autoren/Bücher/Abenteuer als Quartheft Nr. 1 hatte der Eröffnungstitel der Reihe etwas Programmatisches. Für neue Buchreihen waren die

1960er Jahre überhaupt gute Jahre. Die Sammlung Insel (si), der moderne Nachfolger der Insel-Bücherei, startet 1965 mit zeitlosen Titeln der Primär- und Sekundärliteratur. So konnte oder kann sich auch ein bisschen wie Abonnent oder Clubmitglied mit leicht stolzem Wohlempfinden fühlen, wer auf eine stattliche Zahl einer Buchreihe im gleichen Gewand in seinem Bücherregal blickt (eine recht gute Übersicht über Begriffe mit Beispielen bietet *Wikipedia* unter den Stichworten *Volksbuch* oder *Taschenbuch*). Nicht nur die Social Media, auch die Bücherwelt hat oder hatte ihre Communities.

Das Buch, Dein Freund und Helfer: Das war es in den Zeiten, als auf nichts als die Quelle eines gedruckten Buchs in materialer Form zurückgegriffen werden konnte oder musste. Das Inhaltliche, die Fakten, die Tatsachen, die Daten und Sachverhalte, sie alle wurden gesammelt zwischen Buchdeckel und Buchrücken. Die Schule des Lebens, Anwendung und Umsetzung des Bestandes, Lehre und Konsequenz aus dem dargebotenen Wissen auf Papier fanden ihren Ort und ihre Sparte in dem, was als Ratgeberliteratur wie Wegweisung, Rezept, Aufklärung, Anleitung zur Lebensbewältigung sein sollte. Verlage erkannten in den ersten Nachkriegsjahrzehnten schnell, dass diese Sparte des Ausbaus und der Erweiterung, ständiger Aktualisierung und thematischer Erweiterung harrte und zum Zugpferd in Verlagsprogrammen werden würde.

Das Taschenbuch - Prototyp des Massenmarkts

In keiner Produktionsform für die Ware Buch war dem Leser als Konsumenten so sehr der Markt bereitet wie im Aufkommen des Taschenbuchs. Es war wie die Steigerung des Reihenprinzips. Das Taschenbuch als Verbreitungsmedium, es war der Buchtyp, der am erfolgreichsten die Voraussetzungen für eine Massenkultur, den Charakter des Buchs als Konsumgut ausreizen konnte. Die Selbstverständlichkeit und Leichtigkeit, mit der der Rezipient, wie es der Leser, Seher, Hörer ist, auch als Konsument hinein ging in das elektronische Zeitalter war auch eine Folge dessen, dass er ein Jahrhundert lang daran gewöhnt wurde, Information immer allgegenwärtiger, in typographisch und bildlich immer eingängigeren Gestaltungsformen, für immer geringere Anschaffungskosten mobil als Ware Buch in der Tasche mit sich zu tragen. Es reizt, an dieser Stelle zu ergänzen: So wie der Rezipient mit einem internetfähigen Mobilgerät in der Tasche nicht nur einen Taschenbuchtitel, vielmehr die Informationsmasse der halben Welt abrufbereit mit sich führt.

Das Taschenbuch in der monomedialen Zeit des Buchs, so einfach wie genial in der Schaffung als

Buchtyp, es war in seiner Ursprungszeit etwas Besonderes, Ausdruck und Resultat technischer Neuerung, der Machbarkeit, der mühelosen Vervielfältigung. Für das Taschenbuch gilt in verwandter Form, was für „Das Kunstwerk im Zeitalter seiner technischen Reproduzierbarkeit" (1935) bei Walter Benjamin (1892-1940) gilt. Das Kunstwerk Buch, im Verhältnis gemessen an den Auflagen seiner traditionellen Erscheinungsform in den Händen einer begrenzten Zahl von Erwerbern, geriet als Taschenbuch in material, typographisch, satztechnisch verschlichteter Produktionsform zum standardisierten Massengut, wie es Millionen von Lesern in Stadt und Land in Händen hielten.

Der technische Prozess war auch Teil der Entmythologisierung des Buchs. Die Zeit näherte sich dem Ende, da sich der Buchfreund mit seinem Buch in zeremonieller Verewigung über ein *Ex-Libris* als Bucheigner ein Zeichen schuf und seine Beziehung zum Buch wie in einer Verlobung kundtat. Einige der markantesten Beispiele sollen folgen, wie verlegerischer und ökonomisch-gesellschaftlicher Spürsinn das Buch auf die Höhe technischer Entwicklung gebracht, im materialisierten Geist ein Äquivalent des materialisierten Konsumguts geschaffen hat, das Buch zum Massengut für eine industrialisierte Gesellschaft, ein Massengut für die Massengesellschaft des 20. Jahrhunderts geworden ist. Die technisch ermöglichten Wandlungen in den Formen der Buchrezeption haben noch in der Gutenberg-Galaxis einen medientrainierten und – konditionierten Rezipienten vorbereitet. Die Technik in Verwaltungs-, Produktions-, Automatisierungs- und Logistikprozessen war in den 1970er Jahren bereits hochdifferenziert. Der Siegeszug des Sachbuchs hatte noch in der Vorinternetzeit in immer weiteren Bevölkerungskreisen eine wie auch immer konkrete Verständnishaltung für die Welt der Technik geschaffen: Für ihre Fakten, für Ursache- und Wirkungsprinzipien, ganz einfach auch für ihre Faszination.

Die Bücherwelt in ihrer medialen Hochform und ihre *Citizens* waren bereit für die Revolution, wie sie die Internettechnologie für deren *Citizenships* ausgelöst hat. Die geschaffenen Strukturen eines hochdifferenziert und diversifiziert gewordenen Büchermarkts konnten in den virtuellen Netzen eingearbeitet werden. Die Ausdifferenzierung der Internetstrukturen und zugleich ihre Zusammenführung in nutzerfreundliche Makrostrukturen und Adressierungen ging in wenigen Jahren vonstatten, wenn etwa der Domainmarkt nach Ländern (beispielsweise „.de") oder nach Internationalität in Adresserweiterungen wie „.org", allein schon der schlichte Drei-Buchstaben-Zugang in den Gesamtkosmos Internet mit WWW für Kind bis Greis jede

Hürde aus dem Weg räumte. Was im Internet in einem Jahrzehnt auf elektronische Wege gebracht wurde, dafür brauchte die Buchwelt mit ihren regionalen, nationalen und internationalen ISBN- und sonstigen Regelungen ein gutes Jahrhundert.

Das Kontinuum - auch ein Buchprinzip

Die Buchreihe wurde das Kontinuum, das dem inhaltlichen Sachverhalt eines unaufhaltsam wirkenden geistigen Fortschreitens der Menschheit in die Gebiete von Wissen und Erkenntnis wie nur noch Zeitung oder Zeitschrift (Pionier der Gattung Zeitschrift: Journal des Savants, gegründet 1665) als Erscheinungsform entsprach. Als Kontinuum war den Themen der Zeit in ihrer Fortentwicklung ein Platz eingeräumt, zugewiesen, vertraut gemacht, angestammt, wie es die Themenvielfalt verlangte, wie es in einer Welt mit rapid wachsendem Wissensbestand angemessen war. Einer Gesellschaft mit wachsender Zahl aller Arten von Schulen und Hochschulen, mit erhöhtem Bildungsstand, mit wissenschaftlichen Quellen in breitere Bevölkerungsschichten einfließender Fakten- und Erkenntnismasse konnte populärwissenschaftliche Literatur nicht nur zugemutet werden, sie wurde geradezu erwartet. Ergebnisse und Auswertungen der Wissenschaft als Gesamtkomplex für Forschung, Lehre, Sach- und Fachkunde wurde gesellschaftliches Dauergespräch. Ihre Beteiligten und in größerer Reichweite der gebildete Leser wurden zu erhofften Kunden und Käufern in den Buchhandlungen, und mehr als andere Sparten wurde das Sachbuch eine Siegersparte bis in die 1980er Jahre.

Das Sachbuch im weitesten Sinne der Non-Fiction konnte für die Verlage auch zur Erfolgssparte werden aus seinem Charakter heraus, weil es von der Forschung, vom je erreichten Erkenntnisstand ständig überholt wird, das Sachbuch gewissermaßen veraltet. Wer kennt nicht Sachbücher in seinem Fundus, in denen bei eher zufälliger Durchsicht dieses oder jenes Kapitel ein fast mitleidiges Lächeln hervorruft? Nur der sich historisch Erkennende, der als Mitglied im Stafettenlauf der Erkenntnisse, ihrer Rezeption, ihrer Anwendung Eingebundene wird überholten Sachbüchern noch einen Reiz abgewinnen können. Er wird es spannend finden zu entdecken, wie aus zwanzig bis dreißig Jahre alten Büchern etwa populärwissenschaftlicher Darstellungen aus Gebieten der Technik, Biologie oder Astronomie, ja auch der Literaturgeschichte, sich Perspektiven verschoben haben, aktuell erreichte Erkenntnisschärfe den Sachverhalt differenziert hat, Wertung aus heutiger Sicht gänzlich anders ausfallen müssen.

Die allgemeine Erfahrung, dass Wissen neuen Wissensbedarf schafft, Bildung den Wunsch nach Weiterbildung auslöst, Neugierde, Erkundungsdrang nicht zur Ruhe kommen, all das bestätigte sich prozessartig im Zuge technisch möglicher Massenproduktion für den Buchmarkt. In direkter Folge wird diese Erfahrung bestätigt im Zuge technologischer Möglichkeiten unbegrenzter, geradezu exponentiell steigender Informationsflut im World-Wide-Web. Im Printbereich der Vorinternetzeit hatte außer der genuin als Kontinuum erscheinenden Zeitung oder Zeitschrift gerade auch der Buchtyp des Taschenbuchs Teil an einem Prozess, der einen rasant geknüpften, flächendeckenden Kulturteppich für die Massengesellschaft bereitete.

Zeitgleich mit dem Siegeszug des Taschenbuchs als Buchtyp erkannten die Verleger auch die Notwendigkeit und die Chance, die Wissenswelt nach Themen und Gebieten zu ordnen. Nicht allein das Buch als Monographie in seiner relativ solitären Erscheinungsweise, sondern in Analogie zur immer ausgeprägter werdenden Ausdifferenzierung der Sachgebiete und Einzeldisziplinen in Lehre und Forschung veranlassten Verlage, ihre Einzeltitel unter Themengruppen wie unter gemeinsame Dächer zu stellen. Die wachsende Masse neu erscheinender Bücher – freilich auch der Belletristik und innerhalb dieser der Romanliteratur - gebot Bündelung und

Zusammenführung, sobald eine größere Zahl geeigneter publizierter Titel als Material zur Verfügung stand.

Doch war vor Internetzeiten der Rezeptionsstil grundsätzlich passiv, so verwirklichte erst das WWW eine Rezeption als tägliches Tag- und Nacht-Kontinuum, als tägliche Fortsetzungssaga, als Stationen-Drama, und *irgendwie* auch als Verifizierung täglicher Teilnahme und Mitwirkung am Weltgeschehen. Ausgeschlossen war ein Zeitungsleser, üblicherweise auch ein Zeitungsabonnent von Vermittlung, von Partizipation, für den es dann aber wie ein Lottogewinn war, wenn er als Leser auch ohne großen Namen *seinen* Leserbrief abgedruckt sehen konnte. Dem Internet-Nutzer stehen nunmehr unzählige Foren und Plattformen offen für Interaktion, für ein wie immer psychologisch zu deutendes Sich-selbst-ins-Spiel-bringen.

Das Sachbuch als Fitmacher für die Wissensgesellschaft

Wie ein kleiner historischer Rückblick zeigt, wurden nicht selten in Kooperationen verschiedener Verlage Buchtitel verwandter Gebiete in Ankündigung, Anzeigen oder Prospektpräsentation dem Leser angezeigt. Doch besonders die Verbreitung, der Erfolg des Sachbuchs, die Bedeutung als Buchtyp war bezeichnend für eine Wissensgesellschaft, wie sie in den ersten Nachkriegsjahrzehnten immer gesellschaftsprägender wurde. Nicht nur wurden Sachthemen in immer neuen Sachbuchreihen abgespalten, neu gegründet und unter dem Dach der Taschenbuchsparte einem Massenmarkt zugeführt. Im Siegeszug des Sachbuchs seit den 1960er Jahren wurde der Bildungsgesellschaft entsprochen, der Weg zur Wissens-, zur Informationsgesellschaft war bereitet.

„Das moderne Sachbuch erschließt das Wissen der Welt", hieß es etwas belehrend im *dms-*Prospekt von vierzehn Verlagen, die sich zusammenschlossen, „um wertvolle Sachbücher aus allen Wissensbereichen in sorgfältig ausgestatteten, einmaligen Großauflagen" herauszubringen. Zwischen 1962 und 1971 waren es 100 Titel, die un-ter dem Kurzbegriff *dms* für den wachsenden Sachbuchmarkt erschienen sind (*sachbuchforschung.de*). Das Sachbuch war Produkttyp wissenschaftlicher Popularisierung auf dem Boden eines zunehmenden Interesse- und Kenntnishintergrunds einer immer größer werdenden Bildungs- und potentiellen Leserschicht. Sachliteratur hatte seit den 1960er Jahren immer Konjunktur und, die Verlage konnten sich der glücklichen Lage erfreuen, dass die anwachsende Faktenmasse mit hinzukommenden neuen Fachgebieten – ob Kybernetik, ob als Folgen der Entdeckung der DNA durch Watson/

Crick (Nobelpreis 1962) oder die Mondlandung 1968 - unter immer neuen Aspekten weiter- und umgeschrieben wurde, werden musste. Jene Mondlandung brachte der Buchbranche geradezu einen Schub an Neuerscheinungen. Die Zeit war auch reif für die Zusammenführung zunehmender Faktenmasse in Fachgebiete und in lexikalischen Werken. Und zwar nicht allein traditionsreiche wie jene der Namen der Lexikonsparte Duden, Meyer oder Herder, auch der Buchtyp des Taschenbuchs wurde Verbreitungstyp der lexikalischen Sachbuchreihen von Welt- bis Kunstgeschichte, wie sie immer mehr Verlage als Markt für sich entdeckten.

Die Regel für das Buch galt schon damals: Das Thema musste attraktiv sein und/oder der Autor bekannt. Der Begriff der Vermarktungskette, also der Prestigegewinn für den Buchautor aus anderer medialer Quelle, etwa dem Fernsehen, begann an Bedeutung zu gewinnen. Bernhard Grzimek, Direktor des Frankfurter Zoos, populärer Tierfilmer und Fernsehmoderator in den 1950er bis 1970er Jahren, war geradezu prädestiniert für den Erfolg als Buchautor.

Unter dem Akronym *dms* versammelten sich also Verlagsnamen hinter denen meist noch souveräne Einzelverlage standen mit den Namen F.A. Brockhaus, Cotta, Diederichs, DuMont Schauberg,

Econ, Ehrenwirth, Franckh, Goverts/Steingrüben, Langen/Müller, Siegbert Mohn, Scheffler, Scherz, M.v. Schröder, Walter. Ihre bekanntesten Autoren zählten zum modernen Typ des Erfolgsautors der non-fiktionalen Literatur, wie es eben ein Bernhard Grzimek repräsentierte. Wer kennt aber heute noch Erfolgsautoren der 1960er Jahre wie es die Historiker Paul Sethe, Friedrich Heer oder Friedrich Sieburg waren?

Im gleichen Zeitraum (zwischen 1954 und 1972) erreichten auch ausgewählte Titel gut etablierter deutscher Verlage, nämlich 19 an der Zahl, unter dem Vermarktungsdach der *„Bücher der Neunzehn"* verstärkte Aufmerksamkeit im westdeutschen Büchermarkt. Reihung, Serienprinzip war den Verlegern auch für in Leinen gebundene Bücher ein erfolgversprechendes Mittel der Organisierung und Fokussierung ansonsten eher disparater Einzeltitel. Bündelung, Rasterung, Identifizierung, alles was heute gerne den Begriff „Markenbildung" trägt, es waren noch unverdächtige Verlagskooperationen schon seit den 1950er Jahren und noch weit von Verlagskonzentrationen entfernt wie sie Ende des 20. Jahrhunderts gängig wurden. Gemeinsam vermarktete Buchtitel auf oft schlichtem Prospektmaterial den Lesern angezeigt, Prospekte, wie sie freilich auch heute noch als ausgelegtes Werbematerial ihre Bedeutung haben: In der vorelektronischen Zeit waren sie Informationsquelle ersten Ranges.

Rowohlt: Tempo in der Buchbranche

Die Nutzung des Reihenprinzips war den Verlagen also Chance, ganze Themenvölker unter gemeinsame Dächer zu stellen. Dies gelang, als die technische Form, die materiale Ausstattung, als das Erscheinungsbild, die Handlichkeit gänzlich ökonomischen Vorrang als Einteilungs- und Zuordnungskriterium vor dem geistig Inhaltlichen erhielt. Rowohlts Rotationsromane sind der Pionier der technischen Massenproduktion von Büchern im profanen Stil des Zeitungsdrucks. Rowohlt hat Tempo in die Buchbranche gebracht. RoRoRo ist Legende wie sein Gründer Ernst Rowohlt selbst. Dichter, Schriftsteller aus aller Herren Länder, Roman- und Stilformen aller Arten, Sachbuchwelten, allesamt wurden sie unter das Dach von Reihen und sodann in Massenauflagen von Taschenbuchreihen gestellt. Der Leser lernte schon in der Printzeit, auch im Buchbereich mit selektierendem Blick Vielfalt und Informationsmasse zu sichten, gewöhnte sich an die Vielfalt, so wie sie ihm in der Google-Welt in potenzierter, weil elektronischer Form wiederbegegnen sollte.

Die Spezifizierung folgte also notgedrungen, wenn dem Leser noch Überblick und Ortung in der

Masse der Erscheinungen gelassen werden wollte. Machen es sich die *Digital Natives* noch klar, dass dennoch meist mühsames Zusammensuchen angesagt war, um sich Informationen, Büchertitel mit gemeinsamer Thematik im Überblick zu beschaffen und nicht per Suchmaschine auf Tastendruck. Spezifizierung der Buchthemen ging einher mit Spezifizierung der Leserschaft. Freunde freizeitlicher Romanlektüre, in Lektürepflicht genommene Schüler und Studenten, für Lehr- und Forschungsauftrag bereitstehendes akademisches Personal, beruflich genutzte Textvorlagen, Sach- und Fachthemen für Vertreter der Arbeitswelt. Die Buchwelt war so vielfältig wie die Gesellschaft. Nicht anders wie inzwischen die Internetwelt in potenzierter Weise ihre Themenmasse für disparateste Nutzergruppen aufrufbar hat.

Wer oder was gehörte zu besonders markanten Erbauern der Buchwelt des vorigen Jahrhunderts, die in unbeabsichtigter Weise ihr Zielpublikum so medial konditioniert und habitualisiert haben, dass sie aus dem Stand heraus in einer einzigen Dekade die bisherige Leserwelt in die Welt des Internets mit all seinen technologischen Nutzungsformen heranziehen konnte?

Reclam: Der klassische Pionier aller Textreihen

Wenn die Gesellschaft ihr Selbstverständnis, auch eine große lesend rezipierende Kulturgemeinschaft zu sein und ein festes Kulturgedächtnis gewonnen zu haben, dann auch durch ihr dominierendes Medium Buch und dessen verbreitetstem Typus, dem Taschenbuch. Klassiker des Kontinuumbildenden Buchtyps ist aber nicht einer des 20. Jahrhunderts, sondern des Jahrhunderts davor, Verlagsklassiker der Klassik, *die Mutter* aller Reihen: Es ist die Reclam-Reihe, die Universalbibliothek. Bei Reclam wird weder bei Händler noch Kunden vom Taschenbuch gesprochen. Der Begriff des Taschenbuchs ist den Reihen seit Rowohlts-Rotations-Romanen vorbehalten. Immer ist die *Reclamausgabe* den Lesergruppen aus schulischer Tradition ein Synonym für zuverlässige, urtextnahe Version eines literarischen oder allgemein sachhaltigen Werks aus universaler Bildungstradition geblieben. So wurde ein *Reclamheft* vom deutschen Bildungsbürger der Nachkriegszeit wohl höchst selten mit dem aufkommenden Taschenbuch in Verbindung gebracht. Reclam, das war oder ist für seine Leser wie ein Archiv in kleinen Faszikeln, war oder ist wie ein zu Ur- und Quellentexten ausgebreiteter Originaltext- und Fußnotenapparat der Geistesgeschichte. Jedes Reclamheft war oder ist wie ein Verknüpfungsknoten im besagten großen

Kulturteppich der Nation. Millionen Exemplare der Reclams Universal-Bibliothek sind es, die seit Verlagsbestehen 1867 mit Goethes Faust als Nr. 1 unter das Kulturvolk gebracht wurden.

Die Lektüre aus dem Reclam-Titelbestand, wie er auch unter *reclam.de* zugänglich ist, war immer auch wie Pflicht im kantschen Sinne. Die Aufforderung aus Lehre, Studium oder auch Beruf zum Erwerb einer Reclamausgabe war weniger Teil eigener Entscheidung, war seltener Kür, wie es der Taschenbucherwerb war mit dem privaten Wunsch nach Teilnahme und Mitsprache am eher gesellschaftlichen denn am ureigentlich kulturellen Leben. Freilich begann das Taschenbuch in seiner Diversifizierung zu Sonderreihen oder wissenschaftlichen Ausgaben schon seit den 1960er Jahren Träger auch der Pflichtlektüre zu werden, wie sie die Curricula von Schule, Studium oder Beruf bestimmen. Aber die Sicherheit, mit der der Zivilisationsmensch der Internetzeit unterschiedlichste Bildungskategorien geradezu spielerisch handhabt, das hat er vom Kulturmenschen der nicht zuletzt auch reclam'schen Gutenbergwelt und der Gewöhnung daran, dass Kultur und Zivilisation ein Prozessgeschehen ist.

Goldmanns Tausend Taschenbücher

Bereits 1963 konnte der Goldmann-Verlag in München das Erscheinen von 1000 Taschenbuchtiteln zum Anlass nehmen, ein *Lexikon der Goldmann-Taschenbücher* zum Sonderpreis von einer Deutschen Mark herauszugeben. Dem 376 Seiten umfangreichen Verzeichnis der Titel, jeder mit kleiner Inhaltsangabe und kleinem Umschlagbild, stellte Verlagsgründer Wilhelm Goldmann (1897-1974) eine autobiographisch geprägte Einleitung voran. Die gutenberg'sche Welt am Beispiel einer Person!

Als Sohn eines Schulmeisters in einem kleinen oberschlesischen Dorf entschied sich Wilhelm Goldmann für eine Buchhändlerlehre in Brieg bei Breslau, war Gehilfe bei der Burdach'schen Hofbuchhandlung in Dresden, trat dann die Stelle eines Privatsekretärs von Hofrat Keller in der Franckh'schen Verlagsbuchhandlung in Stuttgart an. Es war ein Ausbildungsweg in der reinen Bücherwelt bis in unsere Zeit, wenn wir den Privatsekretär als Assistenten bezeichnen wollen oder den Hofrat vielleicht als Funktionsträger in einem Buchhändler- oder Verlegerverband. Goldmanns Devise: Du musst viele Buchhandlungen kennen lernen, denn bei ihnen verkauft schließlich der Verlag seine Bücher. Das war eine Einsicht in vorelektronischer Zeit, in einer Zeit auch unfilialisierter Buchhandlungsketten, wo es genügt eine von mehreren Hundert in Stadtzentren *gut aufgestellten*, gut geklonten Buchhandlungen zu kennen, um in medienvernetzter Zeit zu erfahren, was und wo Bedarf *en gros* im ganzen Lande ist.

Goldmann weiter: Und Du musst Deine zukünftigen Kunden gut kennen. Goldmanns Optimum für dieses Ziel sah er im Reisen als Verlagsvertreter. Die Bücherangebote von 25 Verlagen hatte er im Reisegepäck auf seinen Zugfahrten auch in ost- und nordeuropäische Länder. Bald sah er sich 1922 kenntnisreich genug für die Gründung eines unter seinem eigenen Namen firmierenden Verlags in Leipzig. Goldmann schildert einen gewissen Richard Küas (1932 in Hollywood gestorben), Bezirksamtsmann aus der früheren deutschen Kolonie Togo, der ihn 1925 aufsuchte und mit dem unter dem Namen Edgar Wallace eine Erfolgsserie startete. Mit Wallace stand Goldmann für Krimi im Rot-Schwarz des Umschlags, erhielt aber auch mit vierzig Wallace-Krimis mit einer im Jahr 1963 gezählten 17-Millionen-Gesamtauflage (mit den anderen „Taschenkrimis" gar 27 Millionen) das Fundament für Erfolge auch anderer Buchsparten seines Verlags. Neueste Drucktechnik mit der Möglichkeit „großer Auflagen zu niedrigen Preisen" war nicht nur die technische Voraussetzung für Rowohlts Rotations-

Romane, sondern in jener Zeit auch für Taschenbuchverlage wie Goldmann.

Die Vernichtung des Leipziger Buchhändlerviertels am 4. Dezember 1943 in einem Bombenangriff war der Anfang vom Ende der Leipziger Phase des Goldmann-Verlags. Die zweite Phase begann 1950 in München, die mit der Eingliederung in den Bertelsmann-Konzern endete. Vor allem mit der Eröffnung der Reihe Goldmanns Gelbe Taschenbücher 1953 feierte der Buchtyp der Reihe ihre Triumphe. „Krimi", genauer Taschenkrimi, als landesweit geläufig gewordene, prägnante Goldmannsche Begriffsschöpfung – Edgar Wallace der Spitzenreiter – wurde Synonym für die Antriebskraft zu weiteren Reihen.

Im Nachkriegsdeutschland der Alliierten konnten geistige Barrikaden eingerissen werden. *Universal* wurde zum Stichwort für kulturelle Öffnung und betriebswirtschaftliches Kalkül. Goldmanns Gelbe Reihe sollte Werke der „Griechen und Römer bis zu Remarque und Cocteau" umfassen, darunter 22 Bände des Goethe-Werks gemischt, die als gesammelte Werke alles einschließen sollten, was „ein gebildeter Mensch von Goethe lesen wollte oder sollte". In gleicher Weise mischten sich auch die Ausgaben anderer deutschsprachiger Klassiker wie Schiller, Tieck, Lessing oder Jean-Paul. Goldmann bestand auf den unspezifizierten Literatur-mix, denn ihm ging es um Popularisierung der Literatur, nicht um Bedienung von Fachkreisen mit oft fußnotenreichen Ausgaben, wie sie Jahre danach für den Deutschen Taschenbuchverlag oder auch mit Fischer-Taschenbüchern programmatisch wurden. Goldmann-Verlag (*randomhouse.de/goldmann*) ist seit 1977 Teil von Random House-Verlag und somit, wie auch der Taschenbuchverlag Heyne unter *heyne.de*, Teil des Bertelsmann-Konzerns.

Fischers Tausend Taschenbücher

Eine kleine Rückschau bot der Fischer-Verlag in Frankfurt am Main 1969 mit der Herausgabe eines 76 Seiten umfassenden Berichts unter dem Titel „Tausend Taschenbücher oder der demokratische Buchtypus. Die Fischer-Bücherei Band 1-1000". Zwischen dem 1952 erschienenen Band 1 mit Thornton Wilders *Die Brücke von San Luis Rey* und dem 1969 erschienenen Band 1000 mit Max Frischs „Mein Name sei Gantenbein" addierten sich 67 Millionen verkaufte Exemplare. Im weiteren Verlauf der Massenauflagen rangierte als höchste Auflage unter den tausend Titeln Anne Franks Tagebuch mit einer Million Exemplaren.

Anders als der Goldmann-Verlag, der erst mit dem wirtschaftlichen Aufschwung der Bundesrepublik *so richtig* seine verlegerische Bedeutung vor allem über das Taschenbuch errang, stand der Fischer-Verlag (gegründet 1886) mit seiner großen Gründergestalt Samuel Fischer (1859-1934) in tiefer geistesgeschichtlicher Verwurzelung der Jahre zwischen erstem und zweitem Weltkrieg. Das Buch zwischen den Weltkriegen war noch nicht genormt, im massenproduzierten Uni-Look, in abnehmend unterscheidbarem Erscheinungsbild von Text und Umschlag, im Angebot gestaffelter Preise. Doch stand weiterhin das Buch als gefeiertes Unikat im Mittelpunkt der Bücherwelt, wenn sein Erscheinen in den Neutiteln des vergangenen Produktionsjahrs ein zu zelebrierendes Ereignis für Autor, Buchgestalter, Setzer, Drucker und Verlag wurde und weiterhin bei Buchmessen der besonders vermarktungs- und prestigefähige Show-Star des Verlags ist, wo immer er – sprich, das Buch - dann auf der Strecke bleiben mag. Diese Stellung als präsentierbare Ikone hat das Buch doch bis in die Internetzeit gehalten!

Die Reihentitel umfangreicher Taschenbuchproduktionen wurden auch für den Fischer-Verlag wie die Supermärkte für geistige Produkte der Konsum- und Massengesellschaft. Aus verlegerischer Tradition und alter Werthaltung war freilich der Anspruch des Fischer-Verlags an das Taschenbuch seinerzeit nachvollziehbar, der mit dem Spruch „Das gute Buch für jedermann" sein Taschenbuch anpries. Die Zeit sei gekommen, das Buch populär zu machen, das „aus unserer Zeit geschöpfte Werk", es solle zu Hunderttausenden sprechen. Mit der „Zeit", die gekommen sei, war sicher auch die Zeit technischer Möglichkeiten gemeint. Aus der Tradition des Verlags, seiner Stockholmer Zeit, einer Zeit der Emigration, entstammt das frühe Ausgreifen auf europäische Literatur im Verlagsprogramm: Aus diesen Entscheidungen und Erfahrungen und im Vergleich zu anderen Reihen konnte der Verlag seine Taschenbuchreihe denn auch als „Die große europäische Taschenbuchreihe" rühmen. Eine gewachsene Standfestigkeit des S. Fischer-Verlags, wie sie auch in seiner immer noch möglichen Identifikation unter *fischerverlage.de* (darunter die verzweigte Programmatik des *Fischer Taschenbuch Verlags*) sichtbar wird, ist also auch aus großer Tradition zu vermuten.

Erzählungen und Gedichte aus 1001 Suhrkamp-Taschenbüchern

Das Taschenbuch als eine märchenhafte Geschichte, das suggeriert der 1030-seitige Lese-Band aus tausend Taschenbüchern während der Jahre 1972 bis 1984, mit 26 Millionen verkauften Einzelexemplaren, von Samuel Becketts dreisprachigem Bühnentext „Warten auf Godot" als Band 1 bis zu Band 1000, den „Notizen" des Ludwig Hohl. Suhrkamp leistete sich den Luxus und bot eine Auswahl aus Werken der Prosa und der Lyrik von 87 Autoren. Vom Suhrkamp/Insel-Verleger Siegfried Unseld (1924-2002) ins perpetuelle Leben gerufen, folgte die Taschenbuchreihe der schon 1961 gegründeten *edition suhrkamp* mit über 1000 Titeln bis ins Jahr 2010. Sachlich ohne Umschweife galt das Konzept, in der Taschenbuchreihe die gebundenen Bücher des Verlags „zu einem niedrigeren Preis einem noch größeren Leserkreis" zugänglich zu machen (*suhrkamp.de*).

Nun müssten weitere große Verlage folgen, wie sie alle, sei es unter *ullstein.de*, *list.de*, *dtv.de* oder *heyne.de* einsehbar, ihre Erfolgs-Geschichten mit dem Buchtyp Taschenbuch als gesellschaftliches Agens geschrieben haben. Sie alle tragen aber auch zu der Frage bei, ob die Büchermasse auch als Problemmasse nicht reif für das Internet wurde. Hat das Internet nicht auch bewirkt, dass selbst der auf dem Reihenprinzip basierende Buchtyp des Taschenbuchs einen Teil seiner Relevanz verloren hat? Er hat es in dem Sinne, als über die Internet-Rezeption nicht die Reihe in den Blick gerät, sondern der Wunsch nach Aufruf eines bestimmten Reizobjekts, sei es inhaltliches Thema, Autor oder sonstiger Bezug. Weitere themenverwandte Publikationen, die von den Suchmaschinen algorithmisch wie Beiboote in den Blick gerückt werden, sind unabhängig von Reihe oder Sammlung. Die Reihe und das Taschenbuch haben ihre Prägnanz in der Printbuchzeit erhalten. Wohl werden sie ihre branchenrelevante Bedeutung bewahren als zuordnende Funktion in der Büchermasse. Nach Suchmaschinen-Prinzip im Internet hat das Reihenprinzip aber weitgehend seine Ordnungsfunktion verloren.

Die Büchermasse - reif für das Internet

Fast immer stand dem traditionell ablaufenden Bucherwerb wohlgeordneter Kauf oder Bestellauftrag bevor — sodann gefolgt von Aushändigung vor Ort oder Lieferung bestellter Buchware ins Haus. Geistige Arbeit und materiale Ausstattung am Buch wurden belohnt. Kalkulation, Aufwand und Nutzen herstellender Verfahren: Alles im Kalkül der Büchermacher. Der Käufer fern der Vorstellung, dass geistiges Gut wie die Luft zum Atmen umsonst sei, wie Grundrecht für jeden. Der Leser noch in der Vorstellung, was Autoren- und Verlegerschaft für das Buch getan, gearbeitet, vergütungswürdig an Zeit und Kenntnis eingesetzt haben. Der qualitative Aspekt war Teil des Erfolgs und der Expansion der Buchbranche. Der quantitative schien aber im Zuge der Ausmaße technischer Möglichkeiten der Buchproduktion den Erfolg gegen sich zu kehren. Ein Massenmarkt wurde möglich. Darin teilt der Buchmarkt freilich das Schicksal aller Produktions-Branchen, wenn es um die Entwicklung geht unter Stichworten wie Überproduktion oder schnell gesättigte Märkte.

Die meisten Verlagsnamen – noch unvermischt - ließen in jenen buchmarktfestigenden Jahrzehnten der Nachkriegszeit ihren namentlichen Gründungsursprung erkennen. Das Buch war noch nicht im gnadenlosen Verdrängungskampf, war erst am Beginn der Konkurrenz mit anderen Medien, ein Ringen um Aufmerksamkeit, durchaus, aber ohne die heutigen ausgeklügelten Strategien auf einem auf Bestseller hin orientierten Buchmarkt (Schanno, Beitrag in *Buchhändler heute* 10/2001).

So zeigt also schon ein Blick auf den Buchmarkt ab den 1960er Jahren, wie er alle Ressourcen ausschöpfen konnte, die seine Branche zu bieten hatte, ausreizen konnte, was die Wohlstandsgesellschaft jener Jahre ins Buch, also auch in Bildung und Kultur zu investieren bereit war. Der Buchmarkt schuf oder erweiterte in den 1960er Jahren ein Fundament, das bis in die Internetzeit das Medium *Buch* trägt. Auch die Verbreitung des Fernseh-Mediums, die von vielen Bildungsbedachten jener Jahre, darunter gerade den Buchhändlern, bedrohlich für das erstrangige Bildungsgut, das Buch, angesehen, konnte ihm nichts anhaben. Können Vergleiche zur heutigen Bedrohung, dem Internet, gezogen werden?

Wenn es Freude und Interesse am Buch zu wecken gilt, dann sind Büchermessen wie die in Frankfurt am Main oder in Leipzig, auf denen gerade für das lesende Publikum wie selbstverständlich das Objekt Buch im Mittelpunkt steht, allemal ein guter Anlass. Es ist schließlich deshalb ein guter Anlass, weil das Buch der klassische Mittelpunkt unter den Medien geblieben ist. Das Buch hat Anciennitätsstatus. Er ist ihm geblieben allen Zweifeln zum Trotz, umringt und inmitten der Konkurrenz neuer Medien, weltumspannender Netzwerke der Informationsflut. Das E-Book schon im Einsatz ist zunächst einmal Verkümmerung der Sensitivität, Mangel an materialem Erlebnis, das wir mit Generationen bis zurück zu Gutenberg teilen. Buchtexte als digitale Dateien auf handlichen Sichtgeräten, Lesegeräten mit Leucht-Screen für den E-Book-Nutzer werden bei immer mehr Lesern gängiger Rezeptionsstil für Buch-Content, vom Internet ladbar, downloadbar, um genug partiellen Literaturstoff auch kostenfrei für ein ganzes Leben zu haben.

Noch einmal sei die Büchermasse herausgehoben, die Phase der Erschließung, Aufarbeitung, Bestandsaufnahme, Wertung, Sichtung, die Zeit des

Sammelns und Zusammenführens von Verstreutem, Heben alter wie wertvoller Schätze: Dies ging in der Buchkultur der 1960er Jahre kraftvoll voran, vom Buchhandel angesehen als Verpflichtung zur Kultur im Land der Dichter und Denker. In Deutschland war eine Neurezeption im Gange, eine alte Kulturnation sah wieder Licht nach schuldhaft dunkler Zeit. Bis zum Anbruch des neuen Jahrhunderts, das auch der Anbruch eines neuen Jahrtausends war, konnte sich die Verlagswelt der Absatz- und Verkaufszahlen ihrer Buchproduktion rühmen, war wie ihre Mitstreiter der Produktions- und Warenwirtschaft aus Handel und Industrie nicht angekränkelt von Zweifel an Wachstum und Konsumbereitschaft. Erscheinungen von Konsum- und Marktsättigung würden vom Reiz des Neuen besiegt werden, so die Sicht, die Neuerscheinung im Reich der Bücher wie im Reich der Produktwelt würde bei der schnell wechselnden Produktgeneration, schließlich geht es um geistige Produkte, genug Kaufreiz auslösen.

Kam in der Verlagswelt der Vorinternetzeit, bei Verlegern, bei Buchhändlern, bei Bibliothekaren je ein ungutes Empfinden auf angesichts zunehmender Raumverdrängung durch Buchbestand, immer größerem Platzmangel für Buchunterbringung, Überproduktion, schleichendem Preisverfall, zunehmender Marktsättigung? Doch Gegenstrategien an der Basis der Bücherkäufer nahmen zu in erwähnter Form: Trödel-, Floh- und Billigmärkte für Bücher, auch Bibliotheken haben vermehrt ihre öffentlichen Verramschungstermine, Book-Crossing, Recycling vom Buch zum Altpapier. Nicht das Buch als Medium kam in die Krise sondern seine quantitative Vermassung bis an die räumlichen Grenzen seiner Erwerber. Die Zeit war reif für das elektronische Buch, für dessen digitalisierte Widerspiegelung, für die Schaffung seines Avatars, für die multimediale Abspaltung seines Contents, für seine Vergegenwärtigung im schnellen Aufruf, für seine Konversion in den Weiten digitaler Netze. Die Dialektik des Vorgangs liegt darin, dass das Buch des Internets Opfer und Geretteter zugleich ist.

Doch die Internetianer, die *Digital Natives*, die *Netizens* sind aufgerufen, eingedenk zu sein für das Erbe, das Vermächtnis, die Identifizierbarkeit, die Unverwechselbarkeit, die erratische Geschlossenheit, die Gestalthaftigkeit, die Ankerfähigkeit, die Orientierungsstärke, die Unvergänglichkeit dessen, was als Inhalt im Buch des Gutenberg-Zeitalters im Gedächtnis der Gesellschaft archetypische Gestalt angenommen hat. So gehört zu dieser Gestaltformung auch der Inhalt, so mit ihm der bleibend klassische gemeint ist, auf den alle zurückkommen, ihren Grund finden, zu Topoi, zu Gemeinplätzen ihrer Sprach-, Gedanken- und Phantasiebilder werden. Surfen, browsen, googlen, twittern, bloggen nicht alle über die gleichen Inhalte, wollen Fortsetzungen alter Geschichten in neuen Gewändern, wollen Content in neuen Formaten und technisch gebotenen Darreichungen, worüber zuvor eifrig aus Büchern, Zeitungen und Zeitschriften, aus Radio und Fernsehen die Stoffe geholt wurden?

Nun trat gerade in den Nachkriegsjahrzehnten eine Buchwelt zutage in einer monomedialen Geschlossenheit und einer Identifizierbarkeit durch den Rezipienten, wie sie wohl nie zustande gekommen wäre unter Bedingungen einer so disparaten Zerstreutheit wie die der Internetwelt. Es waren die gedruckten Werke schwarz auf weiß, die Fundament boten für ein ruhiges Zur-Handnehmen und Quelle waren für größten Informations- und Bildungsreichtum, der nun aber in Scan-Maschinen, in Paste- and Drop-Prozessen, in Suchmaschinen, in Links und Hyperlinks den Grundstock bildet für die globale Informationsmaschine Internet.

5. Das Buch als koexistentes Medium

Die Printwelt an ihren Grenzen

Es sollte nicht um astronomische Dimensionen gehen, wenn errechnet würde, welche Gesamtzahl an Buchexemplaren seit Kriegsende auf deutschem Bundesgebiet akkumuliert worden war und welche Büchermasse um das Wendejahr 2000 (gemeint ist die Zäsur zwischen gutenbergscher und digitaler Galaxis) gemessen als reale Anzahl von Printexemplaren auf bundesdeutschem Territorium zu zählen wäre. Die Umweltfrage drängt sich auf. Sie ist wie die Entscheidung für das ökologisch unvertretbare Fliegen im Flugzeug. Buch und Umwelt sind ein Thema, das an die Grundlagen im Spannungsfeld zwischen Kultur- und Zivilisationsgesellschaften rührt und eine Diskussion unter der Bezeichnung des ökologischen CO_2-Fußabdrucks, programmatisch aufgerollt etwa unter *footprintdeutschland.de*, ausgelöst hat. Unter dem Begriff „nachhaltig publizieren" (zum Thema in Börsenblatt 41, 2012) haben sich auch das Bundesumweltamt, einige Öko-Institute oder der oekom-verlag des Buches (der Periodika freilich mit eingeschlossen) angenommen. Bücher sind jedenfalls eine träge Masse, sie verschwinden nicht so schnell in Bergen des End- oder Biomülls aus oben beschriebener Haltung zum Buch als Kulturgut.

Wird, soll in Internet- und Ökozeiten das Printbuch nur noch seine Rolle haben als das Praliné, das kostbar hergerichtete Dessert, das kulturelle Schmankerl, der hübsch verpackte Geschenkinhalt, die alternative Lesehilfe für Randgruppen der Non-Netizen-Gesellschaft, Objekt für Sammler und Kulturtraditionalisten? Was wird aus dem Objekt Buch, das sich so schön macht für Preisverleihungen und Autorenehrungen, auf Literaturfestivals? Bleibt es ehrlich und aufrichtig gepflegtes Objekt für schöne, unterhaltende Bücherpräsentationen, mit denen eine Kommune Kultur zelebrieren kann, wie es – nur beispielhaft genannt - auf den Stuttgarter Buchwochen, der Karlsruher oder Münchner Bücherschau, der Mainzer Bücher-Messe geschieht? Woher bezögen Großevents wie *Litcologne.de* oder *Leipzig-liest.de* ihre Magie wenn nicht aus der Vorstellung vom real existierenden Buch? Überhaupt: Wird die Tatsache, dass elektronische „Buch"-Texte volatil, disparat, wertneutral auf- und abrufbar sind, dazu führen, dass die klassische Buchrezension, wie sie im 20. Jahrhundert ein Marcel Reich-Ranicki auf einen Zenit führte, ihre Funktion verlieren? Das Buch als materiales Objekt verlangt doch geradezu Inszenierung, nicht zuletzt in seiner Inszenierung als Objekt der Kritik. Noch geschieht sie ja neben kulturellen Sonderpräsentationen in den vielen kleinen Showrooms der stationären Buchhandlungen und freilich auch in den an Zahl immer weniger werdenden großräumigen Showrooms der Buchhandelsketten (vgl. stellvertretend unter den Berichten über deren Krise *Buchreport*, Nr. 41, S. 18f, auch *buchreport.de*).

Ist oder war das Buch also reif für das Internet in dem Sinne, als die Vermehrung seiner Gattung an materielle Grenzen stößt? Ist die Buchgesellschaft reif für das Internet angesichts der Tatsache, dass Bildungs- und Ausbildungsinhalte, eine inflationäre Informationsflut schon zu monomedialen Printzeiten über alle Medien hin eine Massengesellschaft von Fachleuten, von Belesenen, von Informierten, von ganz oder halb Gebildeten, von halben oder ganzen Akademikern geschaffen haben? Eine Vielzahl also geistig produktiver Communities, deren schriftlicher Output von der Printbranche gar nicht mehr bedient werden könnte. Ganz allgemein: Hat denn eine flächendeckende Intellektualisierung im Lande das Internet nicht erscheinen lassen wie ein Loslassen aus engen Gattern, aus materialer Beschwernis, als ein Auf-in-die-Freiheit geistiger Aktivität? Hat das Internet den geradezu psychischen Druck im Kessel intellektueller Produktivität nicht für unzählige Partizipatoren der Informationsgesellschaft mindern helfen? Wohin mit der freien

Zeit, wie und auf welche Weise die Informationsflut in Verbindung mit geschultem oder halbgeschultem Wissen verarbeiten im Innenraum des Verstands, der Emotionen, der Phantasien, des Selbstbildes von einem autonomen, freien, gleichen Menschen, der mit seinen ebenfalls autonomen, freien, gleichen Mitmenschen sich zur Kommunikation aufgerufen fühlt? Warum nicht jede Chance nutzen, erworbene oder halberworbene Diskussions- und Meinungsfähigkeit in Anwendung zu bringen über das, wie die Morgensonne, wie ein Zauberring aufkommende strahlende elektronische Medium?

Die Printwelt von Buch und Periodikum zusammen mit den Rundfunkmedien von Radio und Fernsehen haben beste Arbeit geleistet. In der elektronischen Epoche, in der um das Jahr 2000 auf Touren gekommenen Weltmaschine *Internet* kann nun die Ernte in die Scheuer gefahren und neue Turboernten hinzugestapelt werden. Die Büros der Medienvermittler, der Sender, der Informierenden, der Selektierenden, Meinung- und Tonangebenden in den Verlagshäusern brauchen von denen nicht gestürmt werden, die Informationen suchen, erbitten, empfangen, dafür zahlen. Für eine Handvoll Euro hat jeder sein eigenes kleines Welt- und Redaktionsbüro, braucht sich nicht mehr mit der Rolle des Rezipienten begnügen, sondern ist selbst Produzent, kann *user-generated content* bieten und in alle Welt schicken. Die technisch ermöglichte Reichweite eines jeden Teeny-Spruchs im Internet übersteigt jegliche Reichweite eines Printbuchs. So absurd ist die mediale Gegenwart. Inzwischen geht auch ein immer größerer Teil der Bucherscheinungen (nomen est omen), in der Regel als E-Books, an den Verlagen der traditionellen Buchbranche vorbei.

Dass sich nun für den virtuellen Buch-Bestand eine Parallele zum realen auftut, ist ein frappierendes, in unserem Zusammenhang nur kurz zu erwähnendes Phänomen. Käuflich erworbene, elektronische Speicher- füllende E-Books (freilich noch füllender der Musik-Content) antiquarisch, im Zweitmarkt, in der Zweitverwertung, als Second-Hand-Ware, als Flohmarkt-Schnäppchen: Nutzer fordern dies analog zum Printbuch (und zur Compact-Disc). Es wäre nicht die freie Marktwirtschaft, wenn sie nicht Lösungen fände von Tausch-Börse bis Online-Ausleihe (und passende Namen fände wie „Onleihe" im Bibliotheksbereich). „Ausleihmodelle für E-Books" war eine Informationsveranstaltung des MVB Marketing und Verlagsservice des Buchhandels bei der Frankfurter Buchmesse 2012. Die Erfahrung, dass nichts unmöglich ist, was technisch machbar, bewahrheitet sich hier sogar im seriösesten Umfeld. Über copyrightrechtliche Komplikationen berichtete Oliver Voss in *Wirtschaftswoche* Nr. 40 (2012).

Wozu noch Bücher?

Wozu also noch Bücher, wenn der private User von Elektronikstationen ihren Content auch aus der heimischen Küche abrufen kann? Wozu noch Buchhandlungen, wenn ihr halbes Sortiment auf E-Book-Readern auch im Biergarten geladen und abgerufen werden kann? Wozu Bücher für individuellen Nutzen, wenn auf mobilen Kleinbildschirmen Applikationen (also *Apps* genannt) als separate Programm-Anwendungen installiert werden können, die spezielle Vorlieben bedienen? Gerade über das *App* haben es die Entwickler der Technologie geschafft, dem Nutzer über das elektronische Medium noch gezielter die Vorstellung von Individualität zu suggerieren, ihm eine auf ihn zugeschnittene Software zu bieten, die seine speziellen Infotainment-Wünsche erfüllen kann. Der Reiz für den Anwender ist inzwischen groß genug, dass aus der App-Technologie prestigestarke Zeitungs-Medien die Chance erkennen, Akzeptanz im User zu schaffen, den elektronischen Inhalt als Paid Content in Form bezahlter Abonnements auf den Markt zu bringen. Käuflicher Erwerb von E-Books über einen so genannten iPAD-App erhoffen sich auch Fachverlage wie etwa Thieme- *Campus* mit dem Ziel, digitales Lehrbuchmaterial über freie Titel-Downloads zu bezahlten zu führen.

Den Spagat zwischen Print- und Digitalwelt, den Brückenschlag zwischen altem und neuem Kontinent als der material produzierten *Printware* und elektronisch generierter und verbreiteter *„Content"-Ware* versuchen auch Ausbildungsstätten für die betroffene Fachwelt zu meistern. Die Curricula aller beruflichen oder akademischen Ausbildungsstätten zeigen dies, so auch *mediacampus.de* der Frankfurter Buchhändlerschulen oder *buchakademie.de* der Münchner Akademie des Deutschen Buchhandels. Einen bestechend guten Überblick über die Entwicklung des Buchhandels besonders des ersten Jahrzehnts nach 2000 und einen aus statistischen Zahlen heraus prognostizierten Ausblick auf die 2020er Jahre gibt Jan-Felix Schrape: *Der Wandel des Buchhandels durch Internet und Digitalisierung* (2011) nämlich zwingt, so Schrape in einem schlüssigen Fazit, den etablierten Buchhandel zu Anpassungsstrategien. Es ist als wissenschaftliche Analyse kein Lamento auf das Buch oder den Buchhandel, schon gar nicht den unabhängigen, wenn er mit dem Strategiebegriff namentlich eher den filialisierten Buchhandel nennt. Wenn es aber um Zukunft und Wandel der Vielzahl unabhängiger, eigentümergeführter Buchhandlungen geht, dann muss besonders auf diese Spezies der

Blick gerichtet sein, weil aus der Vielzahl auch die Vielzahl der Ideen kommt.

Deshalb noch einmal die Frage: Wo ist Zukunft für das Buch? In der Sortimentsbuchhandlung? Das materiale Buch ist an materiale Stätten gebunden. Wo kein Buch, da keine Buchhandlung, was im Umkehrschluss nicht zutrifft, wie es der Online-Buchhandel beweist. Wenn die Generation *Multimedia* noch für das Buch als verkäufliches Objekt gewonnen werden soll, wo und wie soll es positioniert werden? Das Buch, einst wie in Adelszeiten landbeherrschendes königliches Medium, hat einen Großteil seines Landes verloren. Wie im wilden Westen muss es sich unter elektronischen Konkurrenten seine Claims neu abstecken. Die Fachdiskussion läuft. Statements, Thesen, Perspektiven- bis zum Paradigmenwechsel machen die Runde auf einem Weg mit einem Ziel: Die Lebensgrundlage für eine Branche zu sichern, die Terrains nicht zu räumen, sondern zu wandeln, die technischen Formate nicht zu trennen, sondern zu vereinen, Macher bleiben zu wollen, nicht Getriebene zu werden von einer elektronisch-technologischen Entwicklung, die so konstituierend für die Gesellschaft geworden ist wie es einst die technische Entwicklung des Buchdrucks vor einem halben Jahrtausend war.

Das Phänomen beweist sich: Die Technik entfernt sich ja nicht vom Menschen, sie nähert sich ihm an, wird stromlinienförmig seiner Physis angeglichen, flexibilisiert sich bis zur Angleichung an organische Prozesse. Das Leichte, das Ergonomische, die Form, die materialiter immer müheloser der Funktion folgen kann, das Algorithmische, die zunehmende Überbrückungsfähigkeit von Redundanzen, die funktionstragenden Verschaltungen in mikroskopische Dimensionierung: Mit keiner Technologie kann der Mensch so mühelos seinen Kommunikationsradius erweitern, ja sein Ich als biologische Zentrale, seine Person als Bedeutungsträger in Gemeinschaft und Gesellschaft extendieren wie mit den elektronisch-digital basierten Gerätschaften. Dennoch: Angesichts der Totalität, mit der das Internet seine von ihm magnetisch angezogene Nutzerwelt in seine Kraftfelder zieht, mag ein sekundenhaft aufscheinendes Szenario aufblitzen in der Vorstellung eines plötzlichen Zusammenbruchs der Netzwerkwelt. Der sprichwörtliche Super-Gau für die Zivilisationswelt wäre da, wenn die aus Internetzentralen geleiteten Datenströme zum Erliegen kämen. Alleine schon: Welche Entzugserscheinungen entstünden für Millionen von Nutzern bei Stoff-Entzug kostenfreier Informationsmasse über Google oder Wikipedia?

Das Buch – ein Hybrid-Produkt

Es gibt zwei Wege des Buchs: Wenn das Survival des Buchs noch material-physisch gelingt und/oder wenn an seine Stelle oder hinzukommend ein Avatar immateriell-virtuell tritt. Das Jahr 2012 hat wie kein Jahr zuvor die Weichen gestellt. Die digitale Revolution ist angekommen in der Selbstverständlichkeit. Ohne Aufregung hat sich die Branche, so wie sie sich alljährlich auf der Frankfurter Buchmesse bühnenhaft und global inszeniert, als „ready to go" gezeigt, als bereit für das Annehmen der „Herausforderung", als bereit für den Pakt mit dem Teufel in E-Gestalt. Die besonders in den Jahren 2011 und 2012 mächtig gewordene E-Präsenz – gewertet als technisches Equipment von E-Readern bis Internet-Handys (Daten unter *bitkom.org*) und als Masse verfügbaren Buch-Contents – hat den Damm jeglicher Gegenwehr in der Buchbranche gebrochen. Das elektronische Publizieren wird auch für traditionelle Verlage zum kommerzialisierten verlegerischen Segment. Und wieder einmal kommt der ökonomisch-technische Druck aus den Vereinigten Staaten von Amerika, verbunden mit Namen wie Apple oder Amazon, aber auch den rasant steigenden Absatz- und Nutzerzahlen im E-Book-Segment.

In der Unzahl von um die drei Tausend Veranstaltungen, wie sie der Veranstaltungskalender zur Frankfurter Buchmesse 2012 gelistet hat, reihen sich jene zu Themen zwischen E-Book, Web-, oder Online-shop, E-Publishing, Lesegeräte als Tablets, internetfähige Smartphones, Apps, E-Buch-Vermarktung oder Internetauftritt für Buchhandlungen unspektakulär ein. An der Front zeigen Präsenz Repräsentanten der Branche, wie der Börsenverein des Deutschen Buchhandels (Medienpartner von *innovation-prototype.de* oder die Frankfurt Academy unter *buchmesse.de/academy* als Informationsplattform für neue technologische Entwicklungen) oder AKEP *(akep.de),* als Arbeitskreis für Elektronisches Publizieren verlagslos über Online-Provider von Amazon bis zur stationären Buchhandlung mit Online-Terminal. Zusammen mit einer zunehmenden Zahl von Software-Unternehmen, sie alle weben in Schwarmintelligenz am digitalen Teppich der Medienwelt. Flexibelster Einsatz und Gebrauch von E-Content wird von allen Seiten, publizierender, technologischer, produktiver, distributiver Seite gepusht. Dies reicht bis in die *Clouds* als der Möglichkeit, etwa von Google in ihrem *eBookstore* im Angebot, auch Buchinhalte aus externen Servern, wie es elektronische Massenspeicher sind, ins eigene Lesegerät zu holen.

Wo bleibt die Buchbranche?

Die Botschaft der Branche ist klar und einfach und folgt einer Erfahrung, wie sie bereits bei Einführung des Fernsehens gemacht wurde: Traditionelle Medien werden nicht durch neue ersetzt, sondern neue ergänzen die alten. Die Anteile aber verschieben sich. Unter den bei den Berliner Buchtagen 2011 formulierten *Thesen zur Zukunft der Buchbranche (boersenverein.net 2011)* findet sich endlich auch der Aspekt, der nicht alles ist, aber ohne den alles nichts ist! Der treibende Agens der Branche nämlich ist nicht die Frage Print oder Online, sondern Paid oder Non-Paid. Im Internet selbst, so erkennt die Medienbranche, geht es immer dringender um Bezahlmodelle, um *paid content* alternativ zu Werbefinanzierung, Quersubventionierung, Mikro-Payment per Einzelabruf, oder gar per Crowdfunding mit Aufrufen an viele über das Internet, die zur Finanzierung eines Projekts – eines Buchprojekts? - zu dessen Verwirklichung bereit sind.

Der Großteil der Medien- inklusive der nach Marktregeln organisierten Buchbranche - lässt sich nicht in einem so geschützten Habitat realisieren wie das öffentlich-rechtliche, gebührenfinanzierte Fernsehen oder unter Vorteilen einer den Leser meist kostenfrei erreichende Publikationsvielfalt eines mit Unternehmen, Kommune, Land oder Bund verflochtenen Medienmarkts. Das Ringen darum, wie die Großzahl der Autoren jedweden geistigen Schaffens nicht aus ökonomischen Kontexten fallen, das ist weder materialistisch noch ungeistig gedacht. Es ist die Anstrengung der Erkenntnis, dass jeder Mensch für das, was er quantitativ und, es sei kompromisslos damit verbunden, im gewissermaßen seriösen Bemühen auch qualitativ schafft, einen entsprechenden, angemessenen Gegenwert als Beitrag zur Lebenssicherung erhält. So grundsätzlich muss wieder argumentiert werden in Anbetracht einer Entwicklung, die so leistungslos, freischwebend, volatil, fluktuierend, schwerelos, verwerf- und markierbar, auf- und abrufbar daherkommt wie elektronischer Content.

Die Herz- und Emotionslosigkeit, die einhergeht mit elektronisch generiertem Wort, Bild, Ton selbst auf kleinsten mobilen Gerätschaften, wird sie auch die Haltung der ganzen Medienwelt beherrschen? Geht man nicht ins und aus dem Internet wie in und aus der Diskothek? Sound & Light, Dia- & Multilog, Impressions & Hits, Versprechen & Vergessen, und alles ein Day & Night Feeling, das unwiderstehlich wirkt und aufreizt. Dass die Werbebranche schnell den Mega-Dance-Floor *Internet* als ihre Bühne erkannt hat, wen wundert es? Wie schwierig wird denn für die Buchbranche und

freilich die ganze Medienwelt das Erreichen er-
wünschter Kundschaft noch werden, die via Internet immer schon alles weiß und gefunden hat? Wie
verhält sich Buch- und Medienhandel gegenüber
bezahl- und beratungsresistenten Nutzern als Teil
der Kunden oder Konsumenten, auf die hin schließlich aller Einsatz und Kostenaufwand zulaufen, in
denen aber immer häufiger ein ebenso herz- und
emotionsloses Verhältnis zum digitalen Content
lauert? Überträgt sich Herz- und Emotionslosigkeit
auch auf das Printwerk, wie es schließlich auch als
Magazin, als Broschüre tonnenweise an öffentlichen Plätzen kostenfrei greifbar ist?

Die Branche schläft nicht. Die Orte der Bücher,
wie sie traditionell nach Lage, Verkaufsraum, Sor-
tierung und Service unterteilt werden, stehen vor
geradezu banaler Alternative: Aufgeben oder Wandel. Buchhandlung statt mobilem Online-Kiosk. Die
mehr oder weniger erzwungene Anfreundung der
Buchleute mit Elektronik-Content und –Gerätschaft
wird unausweichlicher, für Buchtraditionalisten
vielleicht grundsätzlich der Pakt mit dem Teufel,
das Heulen mit den Wölfen. Wie in der Branche
selbst die Dynamik mit Zielrichtung Auswanderung
aus dem Print- ins verheißene Elektronikland zunimmt, lässt sich in aller Brisanz etwa in *buchre-
port.de* verfolgen. Wer sich nicht Eintritt ins Elektronikland verschafft oder nicht in einer von elekt-

ronischer Vernetzung eher unabhängigen Nische, wie Kurort- und immer wieder Stadtteilbuchhandlungen seine Kundschaft gewinnen kann, dem wird der Begriff Insolvenz in der Tür erscheinen. *Früherkennung von Unternehmenskrisen und Insolvenzgefahren im Buchhandel*, so heißt ein Download-Zugang für Mitglieder unter *boersenverein.de*. Wird für insolvenzbedrohte Buchhandlungen, die dann mit langen Checklisten üblicherweise eine multifaktoriell behandelte Früherkennung einer Insolvenz angehen mussten, fast nur noch die Internetkonkurrenz als monokausaler Faktor zu behandeln sein?

Für die real existierende, in die geographische Fläche hinein operierende, non-filialisierte Buchhändlerbranche geht es um die vielbesagte Kompetenz hybridartiger Vernetzung zwischen klug abgestimmter und dosierter Online-Präsenz und dem Interesseanstoß beim potentiellen Kunden für eine Punktlandung zu realem Buchkauf oder Servicenutzen. Von Varianten solcherart Synergie und Synthese in vor- und nach-gutenbergscher, vor- und nachelektronischer Branchenwelt geben etwa Leistungsgemeinschaft Buchhandel eG (*lg-buch.de*) mit ihrem auch als Zukunftsmodell für die Branche geeigneten Partnerkonzept zwischen unabhängigen Buchhandlungen und unabhängigen Verlagen, den Independents, einen Überblick.

Ermutigende Beispiele synergetischer Interessens- und Organisationsgemeinschaften zwischen Sortiment und Verlag sind auch *kommbuch.com* oder *nordbuch.com*, oder für Online-Shop-Lösungen *buchhandelsweb.de*, ist auch der Arbeitskreis unabhängiger Sortimente (boersenverein.de/aks) oder die ganz aus täglicher Praxis und Bedrängnis heraus entstandene AUB – Arbeitsgemeinschaft unabhängiger Buchhandlungen (*aub-online.org*). Sortimentsportraits (in Branchenmagazinen wie *Börsenblatt* (z.B. Nr. 41/2012) oder *BuchMarkt*, bis 2010 als Rubrik in *Buchhändler heute* oder in der Reihe *Leuchtturm-Buchhandlungen* in *langendorfs-dienst.de*) dürfen Buchfreunde auch *draußen im Lande* hoffen lassen.

Wo findet das Buch sein Survival?

Hoffnung auf ein Survival des Printbuchs? Werden Buchhandlungen und veritable Bücher wie trittfeste Inseln im wogenden elektronischen Meer ihre Zukunft haben? Wird die große Buch-Saga in materialer Form ihre Fortsetzung finden? Wenn ja, warum? Weil sie zeigen, wie in solchen Zeiten für die Buchhandlungen vielleicht gar als lokale Hot Spots solcherlei Stichworte und Begriffe aus der öffentlichen Diskussion, auch Modebegriffe seien zugelassen, Trumpf sein können, wie immer sie lauten mögen: Kooperation, Vernetzung, regionale, kommunale, gesellschaftliche Integration, Kompetenzzentrum sein, unverwechselbares Charakteristikum vor Ort – auch Alleinstellungsmerkmal oder Markenbildung genannt, Hereinnahme der Onlinewelt, Social Media-, E-Book-, E-Journal-, Datenbank-Kompetenz, Kooperationen der Vielfalt der Buchhandlungen mit der Vielfalt von Verlagen, Abonnement-Service für printstarkes, thematisch profiliert-ausgesuchtes Zeitschriften- und Magazin-Segment, ein Ja-Nicht-oder-Doch des stigmatisierenden 50plus-Senioren-Segments, Out-Sourcing an Experten aus Betriebswirtschaft oder Marketing, Non-Book-Segmentierung als wirklich passendes Enrichment, gemeinsame Kampagnen wie Buy local (*buylocal.de* seit 2012) oder die trotzig-agitative Vorsicht-Buch-Kampagne seit 2013 (*vorsichtbuch.de*), kommunale Vernetzung, Spezialisierung der Sortimente bei überregionaler Kooperation, Buchhändler-Kunden-Kreise, Newsletter-Bindung, Aufmerksamkeit für Literaturveranstaltungen aktivieren *(lesungen.net)*, Autoren auch der Sachbuchwelt als live-Kontakt, Qualitätsmanagement nach ISO 9001, Stiftungs- und Franchise-Formen auch für Buchhandlungen.

Es wird hinauslaufen auf Synthese, Synergie, Symbiose zwischen zwei medialen Erscheinungsformen gegensätzlichster und dennoch in ihren Extremen sich berührender Natur, wie es *print* und *elektronisch* sind. Material und elektronisch, real und virtuell, stationär und online: Selten gerieten zwei mediale Formen in eine so widersprüchliche und doch aufeinander bezogene Abhängigkeit zwischen Ergänzung und Ersatz, Widerpart und Helfer, zwischen mono-medial und cross-medial. Der Buchhandel als Medienhandel, als Service-Center, als Center of Excellence.

Wo kann das Survival für Print und stationärem Book-Shop stattfinden? Wo können Printobjekte noch unersetzbar bleiben. Im Fazit schält sich auch Ende des Buchbranchen-Jahrs 2013 heraus, wo Rezeption im Printbereich ihre Chance in die Zukunft hat. Die Statistik wird es verifizieren müssen, was augenscheinlich noch funktioniert, wofür Investitionen in Werbung und Anzeigen noch Power gelegt wird: Beide Jahre kennzeichnen die Branche als einen kontinuierlich unter die zehn Milliarden Euro sinkenden Markt. Davon entfällt in seit Jahren kontinuierlich absteigender Zahl die Hälfte auf den Buchbereich mit anteilig überproportional steigenden E-Buch-Anteil und gefährlich ansteigender Download-Piraterie (*e-book-news.de*, auch Stichwort zu Studie und Thema E-Buch-Piraterie: *gutenberg 3.2*). Auch aus Gegenwehr hierzu verknüpfen sich E-Book-Vertriebe, auch digitale Distributeure genannt, international (buchreport.express Nr. 41, Oktober 2012).

Ein besonders ergiebiges Diskussionsforum unter Buchhändlern boten die Buchmesseausgaben von BuchMarkt Oktober 2011 und 2012. Es sind dies alles Strategien, die nicht allein die Fachwelt angehen, es sind damit auch Perspektiven verbunden, die den Buchfreund, den Buchliebhaber, den Buchverantwortungsvollen, den Freund der Buchkunst und der Buchtradition, den Erkenner der Bedeutung von realem Buch, aber auch den Nachhaltigkeits-Bewussten involvieren müssen. Es sind Perspektiven, die auch im Buch-Kunden und Konsumenten nicht zuletzt aus Treueempfinden zum realen Bucherlebnis, aus Solidarität der Buchlesenden untereinander, den Wunsch nach Engagement für ein gemeinsames Anliegen und Mitgestalten an der Kongenialität zwischen Geist und Formgebung wachrufen müssten.

Wenn das Buch als Ikone, als Archetyp, als Kulturgut, als materiale Gestaltwerdung anthropologisch tief verwurzelter Rezeptionshaltung erhalten bleiben soll, wo anders als an Orten realer Buchpräsenz kann es erhalten bleiben, wo anders als vor Ort, im Erblicken, Erfassen, im Begreifen kann Anschauung, Begrifflichkeit, kann vielleicht auch Verantwortung und Ehrlichkeit gegenüber materialiter festgehaltener Inhalte eingeübt werden, kann Achtung vor Entstehung und Arbeit am Kulturgut Buch, an realer Buchwelt aufkommen? Wie soll geistiger

Inhalt anders erscheinen – der schöne Bild- und Fotoband, die fotoreiche Biographie, die themenreichen Jahreskalender, das bezaubernde Bilderbuch für Kinder – wie anders als im realen Buch? Bücher sind Ikonen in der Mind-Map eines Lesers. Ihre Inhalte rufen sich aus der Erinnerung als unauslöschliche Bilder ab. Jeder Kinder-, Jugendbuchleser wird es bestätigen. Jeder Erwachsene wird Leseerlebnisse vielleicht mit leichten emotionalen Anwandlungen mit bestimmten Editionen, Ausgaben, Verlagen, Momente des Entdeckens eines Titels inmitten von Bücherreihen verbinden. Der Blick auf die Gestalt eines Buch – und Bucherlebnis samt Inhalt steht vor dem geistigen Auge. Es wird auch der physisch, auch altersabhängig bedingte Wunsch nach Komplexitätsreduzierung sein. Nämlich, einen Buchtext ungefährdet von Strom- und Funktionseinstellungen, möglichen Vertippern und Vertastern sich des Gelesenen, Geschauten im Buch gewiss sein zu können, wenn es am Tag danach wieder zur Hand genommen wird.

Vielleicht, so eine Utopie, werden unterschiedliche Buchhandlungsformate, ob Kette- oder Standalone-Sortimente ihre Teilung aufgeben, angesichts des Drucks von außen ökumenisch werden, humanes, Vielfalt schaffendes Kreativitätsmoment gelten und wirken lassen müssen: Book und non-book, Printform und elektronischer Avatar, das Buch 3.0

(wie es irgendwo hieß) als cross-mediales Synthese-Produkt, Buchhändler/Innen auf Problemhöhe der Zeit im realen und virtuellen Gesprächs- und Verkaufsraum, Verlag und Buchhandel in einem Boot schicksalsverbunden durch Stürme und hohen Wellengang. Das betriebliche Medienszenario, es hat was vom ökologischen Umweltszenario!

6. Literatur

Print- und Onlinequellen

Print-Quellen

Benjamin, Walter: Das Kunstwerk im Zeitalter seiner technischen Reproduzierbarkeit. Zeitschrift für Sozialforschung, Frankfurt am Main 1935

Buch aktuell: Reiseziel Bücherberge. 50 Jahre Bücherdörfer – ein Besuch im ältesten Buchdorf Deutschlands. 3/2011

BuchMarkt Oktober 2011 – Ausgabe zur Frankfurter Buchmesse 2011 mit Beiträgen zur Lage des unabhängigen Sortimentsbuchhandels

Das Suhrkamp Taschenbuch (s. Suhrkamp Taschenbuch)

Desch, s. Kurt Desch

EU-COM2011_942.de.pdf: Mitteilung der Kommission an das Europäische Parlament, den Rat, den Europäischen Wirtschafts- und Sozialausschuss und den Ausschuss der Regionen. Ein kohärenter Rahmen zur Stärkung des Vertrauens in den digitalen Binnenmarkt für elektronischen Handel und Online-Dienste, 11.1.2012

Fischers Tausend Taschenbücher, s. Tausend Taschenbücher

Goldmann-Taschenbücher, s. Lexikon der Goldmann-Taschenbücher

Hausmann, Albrecht: Ende der Gutenberg-Galaxis. Essay-Sammlung. Aus Politik und Zeitgeschichte (APuZ, 42-43) 2009

Hauben, Michael and Ronda: Netizens: On the history and impact of Usenet and the internet. Computer Society Press, Los Alamitos 1997

Hausmann, Albrecht: Zukunft der Gutenberg-Galaxis. Essay-Sammlung. Aus Politik und Zeitgeschichte (APuZ 42-43) 2009

Her (Kürzel) in: FazNet 2011: Arabischer Buchmarkt – Fest im Griff von Zoll und Zensur. Gut dokumentierender Artikel (Her), FAZ Nr. 233 v. 6.10.2004

Hiller, Helmut und Füssel, Stephan: Wörterbuch des Buches (7. Auflage), Vittorio Klostermann, Frankfurt am Main 2006

Knorr, Eric: The Year of Web Services In: CIO December 15, 2003/1 January 2004 (cio.com), zitiert Scott Dietzen: „Web 2.0 where the web becomes universal", S. 90 (Web 2.0 unterscheidet sich vom ebenfalls unspezifischen Web 1.0 lediglich vage durch Anreicherung des Internets mit Technologien multimedial-interaktiver Nutzungsformen, wie sie seit 2004 Voraussetzung vor allem für die Verbreitung der Social Media wurde)

Kurianowicz, Tomasz: Das Billy-Regal als Schlüssel zum Ich? Nicht mehr lange! Ikea setzt auf eine bücherlose Zukunft. Frankfurter Allgemeine Zeitung zur Buchmesse 14.10.2011, S. 19

Kurt Desch (1968) zu seinem 65sten Geburtstag, wie sie in der Festschrift „seiner" Autoren nachzulesen sind. Apostrophiert als Freunde, Förderer, Vermittler, Bewahrer, Beweger (S. 180ff)

Leif, Thomas: Interessen, Interventionen, Informations-steuerung: Zum Wechselverhältnis von Politik und Medien. In: Schein als Sein: Medien, Kommerz und Öffentlichkeit (S. 47ff). Adolf-Arndt-Kreis (Hrsg.), Berliner Wissenschaftsverlag, Berlin 2007

Lexikon der Goldmann-Taschenbücher, Goldmann-Verlag 1963

McLuhan, Marshall: The Gutenberg Galaxy. The Making of Typographic Man. University of Toronto Press, Toronto 1962

Noelle-Neumann, Elisabeth: Die Schweigespirale. Öffentliche Meinung – unsere soziale Haut. Langen Müller, München 2001

Opensourcejahrbuch.de 2004ff (Bernd Lutterbeck, Hrsg.). Darin breite Diskussion unterschiedlichster Aspekte der Open-Source-Bewegung

Prensky, Marc: Digital Natives, Digital Immigrants, in: On the Horizon, ISSN 1074-8121, MCB University Press, Vol. 9 No. 5, October 2001

Presser, Helmut: Das Buch vom Buch. Sammlung Dietrich, Band 240, Carl Schünemann, Bremen 1962 (mit vollständigem Abdruck eines Lutherbriefs von 1525)

Rautenberg, Ursula (Hrsg): Reclams Sachlexikon des Buches. Reclam, Stuttgart 2003

Richter, Hans Peter Richter (Hrsg): Der jungen Leser wegen. Tatsachen, Meinungen, Vorschläge. Schwann Düsseldorf 1965

Schindler, Mathias: Manipulation, Emanzipation und Kooperation: Aus der Text-Küche. In: In: Schein als Sein: Medien, Kommerz und Öffentlichkeit (S. 65ff). Adolf-Arndt-Kreis (Hrsg.), Berliner Wissenschaftsverlag, Berlin 2007

Schrape, Jan-Felix: Der Wandel des Buchhandels durch Digitalisierung und Internet. SOI Discussion Paper 2011-01. Universität Stuttgart, Stuttgarter Beiträge zur Organisations- und Innovationsforschung, 2011

Suhrkamp Taschenbuch: Erzählungen und Geschichten aus 1001 suhrkamp taschenbüchern. Suhrkamp Taschenbücher 1100, Frankfurt am Main 1984

Tausend Taschenbücher oder der demokratische Buchtyp. Die Fischerbücherei 1-1000. Fischer-Bücherei 1969

Thesen „55 Thesen zur Zukunft der Buchbranche" (Fachausschuss M. Heinrich, H. Riethmüller, M. Ulmer), Berliner Buchtage 2011. In: Boersenblatt.net vom 9.6.2011 (boersenblatt.net/446186/09.06.201155)

Voss, Oliver „Digitaler Flohmarkt" in Wirtschaftswoche Nr. 40 (Oktober 2012, S. 66)

Willberg, Hans Peter: Schriften erkennen. Eine Typologie der Satzschriften für Grafiker, Setzer, Buchhändler und Kunsterzieher. Maier, Ravensburg 1981

Wolff, Kurt: Autoren/Bücher/Abenteuer – Betrachtungen und Erinnerungen eines Verlegers. Quartheft Nr. 1, Wagenbach 1964

Wunderlich, Werner und Schmid, Beat (Hrsg.): Die Zukunft der Gutenberg-Galaxis. Tendenzen und Perspektiven des Buches. Facetten der Medienkultur Bd. 7. Bern 2008

Zimmermann, Hans-Dieter: Von der Gutenberg-Galaxis zur digitalen Galaxis – Momentaufnahmen vom Buchmarkt. In: Wunderlich, Werner und Beat Schmid (Hrsg.): Die Zukunft der Gutenberg-Galaxis. Tendenzen und Perspektiven des Buches. Facetten der Medienkultur Bd. 7. Bern 2008, S. 85

Online-Quellen *(ohne Subdomain als www.-*
Zugangskürzel)

Eingedenk der Tatsache, dass Online-Adressen schnelle „Verfallsdaten" haben können und als „unauffindbar" ausgewiesen werden

Abebooks.de
Akep.de
Amazon.de
Antiquariatsrecht.de
Ard-zdf-onlinestudie.de
Aub-online.org
Ausbildung-buchhandel.de
Bibliotheksverband.de
Bitkom.org
Bmi.bund.de
Boersenblatt.de
Boersenblatt.net
Boersenverein.de
Boersenverein.de/aks
Bookcrossers.de
Bookcrossing.com
Booklooker.de
Bpb.de (Bundeszentrale für Politische Bildung)
Brockhaus.de/enzyklopaedie
Buchakademie.de
Buchhandel.de
Buchhandelsweb.de
Buchmarkt.de
Buchreport.de

Buchmesse.de

Buchwissenschaft.uni-mainz.de

bundesrecht.juris.de/urhg/_97a.html

buylocal.de

cornelsen.de

Crossref.org

Deutschepost.de

Dnb.de (Deutsche Nationalbibliothek)

Dtv.de

duebenerheidetourist.de/01-ausflugsziele/0200-index-muehlbeck.html (Bücherdorf in Mühlbeck)

Ebay.de

E-book-news.de

ec.europa.eu/information_society/index_en.htm

ec.europa.eu/information_society/digital-agenda/documents/dae_annual_report_2011.pdf

ec.europa.eu/trade/tackling-unfair-trade/acta/

Europeana.org - Europeana: Gemälde, Musik, Filme und Bücher aus Europas Galerien, Bibliotheken, Archiven und Museen

Facebook.com

Facebook.de

Faznet.de - FazNet 2011: Arabischer Buchmarkt – Fest im Griff von Zoll und Zensur. Besonders gut dokumentierender Artikel (Her), FAZ Nr. 233 v. 6.10.2004

Fischerverlage.de

Forum-corporate-publishing.de

Forumzukunft.de (auch unter Boersenverein.de)

Footprint-deutschland.de

Google.de

Gutenberg.de

Gutenberg.org
Gutenbergnews.org
Heidelberger.com
Heyne.de
Hoerbuch-info.de
Innovation-prototype.de
Internet-manifest.de
IVW.de (Informationsgemeinschaft zur Feststellung der Verbreitung von Werbeträgern – *Visits* als Zugriffshäufigkeit von Websites (http://ausweisung.ivw-online.de/index.php)
Kesten.de
Klett.de
Klingspor-museum.de
Kommbuch.com
Langendorfs-dienst.de
Lehrer-online.de
Leipzig-liest.de
Lesen-in-Deutschland.de
Lesungen.net
Lg-buch.de (Leistungsgemeinschaft Buchhandel eG)
Libreka.de
Linotype.com
List.de
Litcologne.de
Marcprensky.com
Mediacampus.de
Mediendisput.de
Medienkompetent-rlp.de
Mvb-online.de (Marketing und Verlagsservice des Buchhandels)

MySpace.com
Nordbuch.com
Openaccess.net
Opencontent-bw.de
Openlibrary.org
Opensource.de
Opensource.org
Piratenpartei.de
Project.gutenberg.de
Randomhouse.de/goldmann
Reclam.de
Sachbuchforschung.de
Schulen-ans-netz.de
Stiftung-Buchkunst.de
Stiftunglesen.de
Studium.utb.de
Suhrkamp.de
trade.ec.europa.eu/doclib/docs/2011/may/tradoc_147
937.pdf
Transformers.de
Tredition.de
Twitter.com
Ullstein.de
Verlagederzukunft.de
Vlb.de (Verzeichnis lieferbarer Bücher)
Vorsichtbuch.de
Wagenbach.de
Welttag-des-buches.de
Westermann.de
Whistleblower.net
Wikileaks.de

Wikipedia.de
Wikipedia.org
Youtube.com

Zeitfracht Medien GmbH
Ferdinand-Jühlke-Straße 7
99095 Erfurt, Deutschland
produktsicherheit@kolibri360.de